Shaun Rein

〔美〕雷小山 著 吴怡瑶 译

山寨中国的终结

创造力、创新力与个人主义在亚洲的崛起

THE END OF COPYCAT CHINA

The Rise of Creativity, Innovation, and Individualism in Asia

上海译文出版社

汤姆,汤姆

愿你的生活是最美好的旅程

爱你的,爸爸

目　录

前　言

台上的灯光太亮，几乎什么都看不见。我擦掉眉头间渗出的汗珠，看了看坐在我左边的微软美国全国广播公司的电视主持人迪伦·雷迪根，这位以他名字命名的访谈节目的主持人此刻正准备向我发问，谈论中国的经济变革以及我的新书《廉价中国的终结：颠覆世界的经济和文化趋势》。

雷迪根在电视上看起来像个身形魁梧的巨人，毫不顾忌用尖锐的问题拷问嘉宾。现在他本人近在眼前，比电视上的他更像个国家橄榄球联盟的后卫。他转过头，盯着我，那样子让我感觉像是一头狮子追捕猎物。

我试图掩盖我的紧张。在此之前我也上过很多次电视，但是从来没有在曼哈顿的洛克菲勒中心上过。这里是美国全国广播公司录制节目的地方，其中有些节目我从小看到大，比如《周六夜现场》。难以置信，18 个小时之前我还在上海家中，而现在却在台上，在许多世界名流坐过的同一个舞台。我看到被曝光与时薪 1000 美元的妓女厮混的美国纽约州前州长艾略特·斯皮策，正在去演播候场室拿他的麦克风。我真的是在洛克菲勒中心 30 号的摄影棚吗？还是说我在做梦？

“3，2，1，进直播，”舞台管理喊着，把我拉回到现实。节目一开始先播了一个短片，内容是国务卿希拉里·克林顿对中美关系的遐想。她抛出一个问题："一个老牌大国和一个崛起的大国之间会发生什么？"两国之间会像第一次世界大战之前的英国和德国那样不可避免地剑拔弩张，还是会开创一种超级大国之间合作的新范式？

一听到希拉里的这个短片，我就知道雷迪根一定不会轻易放过我。毕竟没几个月就要进行2012年的美国总统大选了，而反对中国的狂热情绪则达到了顶点。《纽约时报》的专栏作家保罗·克鲁格曼似乎每天都在唱衰中国，说中国是个操纵人民币的"恶人"。共和党候选人和民主党候选人之间唯一可能达成共识的议题，就是把中国当做美国经济萧条的罪魁祸首，将所有的罪责一股脑地扣在中国头上。

我的眼角余光扫到雷迪根两侧还有三位嘉宾主持，他们是雷迪根节目的常客。一位是民主党候选人克丽丝特尔·鲍尔，一位是作家及文化批评家杜雷，还有一位是政策专家阿里·梅尔波。他们已经准备好在雷迪根拷问我的时候，随时提出尖锐的问题以火上浇油。

鲍尔直截了当地问我："中国政府有多稳定？抗议者对政府的威胁有多大？"那时中东地区的"阿拉伯之春"正如火如荼，而参议院的约翰·麦凯恩认为这阵风迟早要吹到中国。

麦凯恩完全错了，我回答。我指出，总部位于华盛顿的无党派中立机构皮尤中心的调查发现，大多数中国人支持中央政府的领导方针。哈佛大学教授安东尼·赛奇也在他的调研中得出了类似的结论。我告诉鲍尔，中国民众对地方政府的腐败和环境污染的不满越来越深，需要解决，但像"阿拉伯之春"那样的大规模运动在短时间内是不会发生的。

接下来是梅尔波。他问我越来越严重的收入不平等是否会造成社会不稳定。问得好——贫富之间的差距越来越大，而且房价涨幅比工资快，这让那些还没有买房的人很沮丧。

中国的经济到了一个危险的点，也就是所谓的中等收入陷阱，我回答道。当人均收入达到6000美元时，薪资增长会趋于停滞。富者越富，穷者愈穷，造成了社会不稳定。泰国就是这样，这个微笑之国也因此在2014年又一次爆发了军事政变。只有四五个国家，比如日本，在二战之后跨越了这个陷阱。中国必须更加公平广泛地分配财富，否则新兴的中产阶级会遭遇失败的风险，而稳定的中产阶级正是一个健康经济体的中流砥柱。

为了抗击这种停滞，中国政府必须加强劳动法，提高最低工资额度，以服务业和消费来驱动经济转型创新。更多的中国人需要看得了病，买得起房，拥有一个与美国社会保障体系相似的安全网。

雷迪根穷追不舍，问我美国谴责中国用“不正当手段非法操纵贸易”和侵犯知识产权，从而“搞垮”了美国的说法是否公平。那时，中国经济还在强势增长，保持着8%的增速，而美国则遭到大萧条之后历史上最高失业率的沉重打击。

当我挡回雷迪根和嘉宾主持们的质疑时，我意识到，许多美国人相信中国自1978年改革开放以来30年的经济增长，是建立在侵犯知识产权，操纵货币汇率，以及抢美国人饭碗的前提上的。

极少有人知道，中国在制造业价值链中往上游迁移，人民币从2005年以来兑换美元的汇率上升了25%，也少有人知道中国本身在轻工业方面的就业机会也正流失到劳动力更便宜的国家，比如斯里兰卡、印度尼西亚和柬埔寨。

他们没有意识到中国消费者开始回避仿路易威登（LV）的山寨货，而中国已经成为了全球第二大奢侈品消费国。以游客人均消费计算，中国游客是美国和法国当地最大的消费群。2012 年伦敦奥运会期间，中国消费者的人均消费比其他任何国家的都高。同时，中国也已成为美国第二大贸易伙伴，贸易量仅次于加拿大，比整个欧盟高出近 30%。

那一天，我对雷迪根和其他嘉宾主持的论调发起反击，论证中国的消费者"通过购买玉米、坚果和肉类蛋白拯救了美国的农业"，没有他们，美国内陆的日子将远比今天更糟。截至 2013 年，美国农业部宣布中国成为美国农产品的最大进口国，进口额超过 260 亿美元，而在十年前，中国才排到第七位。中国的崛起也为星巴克和苹果这样的美国公司创造了机遇。

九分钟后，访谈结束了。我如释重负，长舒一口气。雷迪根与我握手，笑容可掬。他具有一名政治家的人格魅力；他让我感到自己像是他的至交。几个月后，他放弃了几百万美元的工作合同，抛开了在微软美国全国广播公司的名与利，开办了一家水产养殖场，雇佣从战场上退伍的美国老兵。如果他哪天从政了，我也不会感到意外。

幸运的是，我的新书反响不错，世界各地的组织邀请我讨论书中的结论。我在 2005 年建立的战略市场情报公司"中国市场研究集团"(CMR)的业务量猛增，因为跨国公司、私募股权公司、对冲基金公司还有中国公司都来找我们，想要了解中国市场正在出现的变化，并制定战略应对这些转变。

接下来的两年里，我好像一直生活在会议室、酒店和飞机上。不是在论坛上发布主题演讲，就是和商界人士面谈，从悉尼到东京，从旧金山到开普敦，从曼谷到新加坡和纽约。

我约见了几十位亿万富豪，几百位高级对冲基金投资人和全球最大几家公司的首席执行官(CEO)。他们都想知道中国的主要趋势，以及这些趋势对商业意味着什么。只有极少数人拥有可靠而及时的信息，知道中国当下发生了什么。

有些专家用颇具争议的立场劫持了媒体，比如独立经济学家谢国忠，前清华大学经济及管理学院教授帕特里克·乔万内克，以及前里昂证券的中国宏观经济学家安迪·罗斯曼。他们高谈阔论，但并没有提供投资决策所需要的真知灼见。像谢国忠和乔万内克这样的唱空专业户总是对中国持消极意见，年复一年地宣讲中国经济会硬着陆。他们似乎从来没有正视过积极的数据，同时也正是在这些数据那里，罗斯曼忽略了中国经济正在形成的现实危险。

事实就是中国经济并没有走向灾难——也没有走向永久增长。现实介于两者之间，一些公司对发生的变化做出快速调整，并且赚钱了，而那些反应迟钝的公司则踏上了渡渡鸟那样的灭绝之路。

三年前行得通的，现在可能行不通了，三年后肯定更行不通。我见过的公司高管中，绝大多数认为中国的经济增长基于大量投资、出口和盗版——只有极少数意识到2013年中国有50%的经济增长是由消费驱动的。

只有四五位高管注意到世界上最有创造性的几家公司是中国公司——比如阿里巴巴、腾讯和联想，而且他们在研发（R&D）方面的投入比国外的同业公司都要多。比如2013年通讯设备制造商华为投入了50亿美元进行研发，超过了它的主要竞争对手爱立信投入的49亿美元。这些重视研发的企业当中已经有相当一部分开始把业务拓展到东南亚、东欧和非洲。

只有极少数高管了解城镇化对驱动中国经济增长的重大作用。李克强总理定下未来五年城镇居民将占全国人口60%的目标，而1990年代这一比例是30%，目前的比例是52%。这是什么概念呢？

参照起来看,日本在1992年还没有开始长达20年经济停滞的时候,其城镇人口就占到全国人口的90%了。

城镇化大部分的推进进程发生在几百个三线、四线、五线小城市,很少有外国人知道这些地方,比如汕头、鞍山、南平。这些城市人口超过100万,通过放开户口政策和降低购房要求进行城镇化。同时,限制上海和北京这些特大城市的人口增长。

与商界人士面谈时,我向各位说明中国依靠出口和修路拉动经济成功的模式已经行不通了,而创新、服务业和消费必须在经济增长中占有更大的份额。这种转变正在发生,但风险比比皆是,因为地方政府重度依赖低息贷款驱动经济增长的模式。

我写了《廉价中国的终结》来说明中国面临着许多变化:人口老龄化,租金与薪资飞涨,劳工群体希望实现白领梦,而不是在工厂里任劳任怨。我论证美国公司需要在生产价值链上升级,将工厂迁移到别的国家,或是比中国劳动力更便宜的地区,或是回流到美国本土。制造业已经在回流了,比如美国玩具制造商科乐思把工厂迁回美国运营。而富士康这家为苹果公司代工诸多产品的企业,已经在印度尼西亚和越南投资了几十亿美元。

我说,现在正是进军中国市场的大好时机。过去的三年证明我说得没错——中国的制造业成本持续上升,挤压利润空间,而中国的成本优势在轻工业那里已经不复存在。数以千计的公司破产或亏损,无力调整适应新的现实状况。一些西方公司采取正确的策略进军中国市场,利润飞涨,中国正在变成它们全球最大的市场,比如说保健与美容产品直销公司安利,跑车品牌保时捷,以及半导体公司高通。

我在世界各地出差旅行的时候,意识到中国的变化和改革发生得太快了,以至于不在中国的人们很难跟上这种节奏。政府似乎每天都在发布新的规定,是否让银行存款利率自由化,或是放松对跨境投资的监管,有时甚至是一些相当细小的事情,比如把汽车年检的有效期限从一年一检放宽到六年一检,但这种小事会改变整个汽车行业。即便对于中国国内的人来说,也很难跟上节奏,掌握所有的变化。

我决定写《山寨中国的终结》,作为对上一本书的延伸,以展现自上一本书出版之后中国这个经济体所发生的变化,同时也预测下一个十年的大趋势,为投资者和管理者提供一个框架。

中国经济增长放缓是一种新的状态,大家不必害怕——这种状态表示中国政府,尤其是新一任主席习近平终于意识到收紧低息贷款,以及集中精力提高经济效率的必要性,而他也有足够的信心做到这两点。习近平巩固了权威,赢得了广泛的支持,带动整个官僚体系跟随他的领导,引领中国走向更健康的发展道路。习近平领导的大规模反腐行动以改革官僚主义获得了老百姓的支持。

这些改变可以归结为两个关键的变化,而商界人士和投资者必须了解这两点。

第一,中国公司不再简单地山寨美国和欧洲的商业模式。他们仍然在摘取唾手可得的果实,但更注重创新。跨国企业必须做出调整以适应中国对手带来的日益激烈的竞争。他们不再用廉价而质量过得去的产品来竞争,而是在价值和创新层面进行竞争。

像通信设备制造商华为这样的公司已经从爱立信和思科手中夺走了市场份额。2013 年联想取代惠普成为全球最大的个人电脑(PC)制造商。他们不仅仅只靠低价和分销渠道竞争。联想公司的主席和 CEO 杨元庆与特斯拉汽车公司的 CEO 及产品构架师、空间探索科技公司(SpaceX)的 CEO 及首席科技官埃隆・马斯克同时获得2013年爱迪生成就奖，而杨元庆是第一个获得该奖项的亚洲人。

还有一些公司通过收购西方企业而获取技术，就像吉利收购沃尔沃那样。

第二，中国消费者不再盲目追随美国和西欧的流行趋势，甚至不再盲从周围人的风潮。实现中国梦的全民举动以及中国人对中国文化重新兴起的自豪感让消费者摒弃了西方广告刻画的那些形象。把高定价和奢华的品牌标志作为市场营销和销售策略，也已经行不通了。品牌们必须细分目标客户市场，并了解消费者的希望、梦想和追求。

污染严重，房价高企，让中国的中产阶级重新对生活各要素的轻重缓急进行排序，重新考虑如何消费。他们倾向于购买小众、正牌、低调的产品和体验。以前的大牌产品，比如体育服饰公司阿迪达斯和奢侈品牌路易威登必须调整策略，否则其中国市场的表现会拖累公司的成长。这些变化对一些品牌来说也意味着开拓有利空间的机遇，包括高级体育服饰品牌迈克·高仕（Michael Kors）和户外服饰公司北面（North Face）。

只需要看看一些行业巨头的惨淡案例，例如食品业巨头雀巢，就能了解无法快速调整以适应消费趋势转变的结果，就是利润和事业发展遭到毁灭性的打击。2014年雀巢在中国竞争激烈的食品市场面对强大的本土品牌竞争，表现差强人意，笼罩在业绩不佳的阴云之下，雀巢中国区的CEO辞职。中国竞争对手推出新产品的动作更加灵活，比如瓶装水市场的昆仑山，以及冰淇淋市场的伊利。

本书旨在近距离地展示说明这些变化，并为商界人士提供一个参照以准备好应对这些变化。中国企业与中国政府注重创新，即应用改进的解决方案，以更优化的程序、更发达的技术、更优质的服务和理念来满足市场需求。创新与发明不同。创新首先要提出一种理念或是想出一个好办法。

以往中国以盗版横行,政府干预经济,严苛的监管压制创新而闻名,而现在中国的进步之大也许让全世界惊讶。“创新”已经成为日常话语的一部分,消费者抵制山寨货,政府开始鼓励而不是阻碍创新。

中国正在创新路上前进,从:

1. 山寨阶段,走向

2. 为中国创新阶段,它目前正处于这个阶段,然后从这个阶段迈向

3. 为全球创新阶段。在这个阶段,中国开始为世界创新,而某些行业的中国企业,已经处在这个阶段了,比如移动设备制造和服务业。

中国消费者想要最好的,而且是由雄心勃勃、财力雄厚的公司直接为他们开发的产品和服务,后者以此抵消增速放缓和竞争加剧的局面,并成为全球品牌,这种需求和动力推动中国走向第二阶段和第三阶段。

为了获得贴近事实的观察视角,我采访了普通消费者、公司管理层、亿万富豪和中国一些最有创造力、盈利能力最强的公司创始人。我甚至也跟官员们讨论——包括一些和中国政府密切往来的外国国家领导人,以获得宏观层面的观点。我也采信了我的公司 CMR 做的 5 万份消费者调研结果。

本书还包括一些对成功企业与失败企业的案例分析,为读者提供具体的认知,看看什么行得通,什么又行不通。

根据中国的创新发展曲线的三个阶段,本书章节分为四个部分。

1. 在过去的35年间,对于大部分的中国企业来说,几乎没有理由搞创新或创立品牌。经济增长依赖大量投资,现成的创意发明就像低垂的诱人果实随手可得,刺激着企业山寨别人成功的模式,只看短期利益,赚快钱。第一章和第二章会阐述在中国经济飞速增长,缺乏知识产权保护的情况下,这个时期的中国企业不关注长远的未来,并认为投资搞创新花费太大,风险太高——私人投资者也一样。

2. 中国经济低垂的果实正在逐渐消失。随着竞争加剧,成本上升,管理层逐渐开始重视长期效益,关注由创新所产生的效益。具体说来就是创新曲线第二阶段的情况。目前许多创新也被视为商业模式的创新,而不是技术创新。第三章和第四章将考察有哪些行业的创新最活跃,以及这些行业离第三阶段还有多远——才能达到为全球创新的阶段。这一部分也会关注中国创新过程中有哪些障碍和挑战,比如不完善的教育体系,过分强调死记硬背,这些问题阻碍了中国创新的前进步伐。

3. 正如中国人重新定义了理想的中国梦,他们的消费正在变化之中。第五章到第九章将检视消费模式正如何改变,复兴的爱国主义如何影响中国人的购买习惯。我会关注移动通讯、电子商务、食品与饮料、旅游、娱乐与休闲这些行业将如何不断崛起,而百货公司、奢侈品、服装鞋履这些行业将如何面临挑战,以及这些行业的公司怎样才能克服这些困难。

4. 第十章是本书的最后一个部分。在这部分我会关注中国经济的转变将如何影响像柬埔寨、印度尼西亚这样的亚洲国家,比如说一些工厂搬到印度尼西亚,促使印度尼西亚出现新兴的中产阶级。而中国与日本、菲律宾和越南之间的紧张势必加剧。

中国持续不断的经济成功并非没有变数。坏账攀升,中产阶级消费者信心下降,以及与邻国之间的紧张关系可能令中国经济增长放缓甚至停止。

而中国唯一的定数就是这个国家正在快速改变。中国的经济增长将影响和彻底改变世界格局——它不再是一个山寨国家了。要了解中国将去向何方,我们得看看它曾经走过的路,我也将从这一点开始写起。

第一章

创新曲线第一阶段：山寨公司与低垂的果实

那是 2007 年。《广告时代》杂志在上海的年度论坛邀请我主持一对一的主旨问答环节，受访人是亿万富豪江南春。他是纳斯达克上市的分众传媒公司的创始人。

分众传媒在广告业可是响当当的公司。这个公司循环播放广告的数字屏幕无处不在。两年前也就是 2005 年，分众传媒上市的时候，成为了纳斯达克历史上最大的中概股首次公开发行（IPO）。在绿鞋期权阶段，承销商可以选择超额配售，往往在买家需求较高的时候承销商会超额配售，而分众传媒在绿鞋期权之前就募得 1.72 亿美元。在接下来的 24 个月里，股价持续飙升，给江南春带来巨额财富。2008 年《商业周刊》杂志估算江南春的财富达到 18 亿美元，比万豪酒店连锁公司的继承人小约翰·马里欧还要多。

《广告时代》那时候的中国区负责人诺曼迪·马登告诉我，江南春喜欢把控谈话节奏，个性很强。马登私底下跟我说，她请我来主持是因为她认识的人里只有我可以跟江南春抗衡。她要求我提一些尖锐的问题，别让江南春掌控讨论环节。“别退缩，”她说。

我联系了分众传媒的市场部主管西莉亚·童，请她安排一次午餐，这样江和我能彼此认识。童告诉我江自信满满，但也很接地气很健谈。有点诡异的是，她说江南春喜欢做足部按摩。她还特别强调她手中的分众传媒股票一点都没有卖，因为她相信江南春和他的眼光。

我们在上海一家餐厅见面，这是一座前法租界的老别墅，现在夹在两个巨大的建筑工地之间。曾经安静的富有精英阶层的上只角社区现在尘土飞扬，电钻乱响。

我走进餐厅包厢，微胖的江南春站起来，与我握手，然后立即开始对我陈述他让分众传媒称霸广告业的计划。

服务员端上一份蜜汁排骨，配一碟浓郁扑鼻的酱汁。此时江南春像五旬节教会牧师一样充满激情地阐述他的计划。

"我要当老大，"他直言。我们见面的时候，分众传媒是以广告收入计的中国第二大传媒公司，广告收入仅次于国有的中央电视台。但是江南春强调，他并不会就此满足。他的目标是：超过中央电视台成为行业第一。几年前月薪只有几百美元的广告主管，现在则成为世界上最富有的人，对他来说，任何事情都有可能，甚至取代中央电视台的霸主地位也不例外。

江南春透露说他打算通过并购来实现增长——他计划吞并网络广告公司和移动互联网领域的公司。他有没有真正的增长计划，我怀疑，还是说并购才是他的真正想法？我想到了泰科国际的前任CEO 丹尼斯·柯劳斯，也是《商业周刊》杂志 2001 年评出的 25 名值得关注的职业经理人之一。1991 年到 2001 年之间，他买下了超过1000 家公司。最终他因为收受 8100 万美元未经批准的奖金而入狱，他甚至为妻子花销达 200 万美元的四十岁生日狂欢宴出了一半的钱。

柯劳斯成为通过收购来隐匿舞弊欺诈行为的典型。他收购的公司太多了，资方对账面记录都摸不着头脑。

我想要试探一下江南春的计划。他会像柯劳斯那样出于邪恶的目的来收购公司,还是会像 Facebook 的马克·扎克伯格那样通过收购补充核心业务为持股人增值?

当服务员端上一盘高高垒起的蒜蓉蔬菜时,我问江南春,分众传媒的核心业务——挂墙式屏幕广告平台的效率有多高,高额的安装费用需要多少钱。他盯着我,有点不知所措,然后说:"没错,我要买更多公司,做得更大。"

江南春好像对这个问题没有一个好的答案,让我感到有些意外。他是不是太迷恋于短期营收增长,以至于丝毫不在乎可持续增长?

在硬件方面,他解释道,屏幕和核心技术很便宜,可以用五年或者更久。他也不觉得成本是个问题,因为那会儿中国什么都很便宜。

更换广告内容的时候,实际上需要工人一个屏一个屏地手动更新循环播放的内容,插上新的 USB 即可——这已经是老掉牙的技术了。那会儿人力成本还很低,用人工手动操作比开发一个自动更新的程序更便宜。

吃完午饭我离开的时候,江南春跟我握手,说我们应该找个时间一起捏捏脚。我有点困惑。分众传媒生意做得很大,客户给的广告费多,江南春本人又很出色。尽管如此,我不是很确定他这个生意能不能持久。江南春本人和他的早期投资人会不会在乎呢? 我又想。他已经用最基本的技术让他们都变成亿万富豪了。

然而并没有创新。他建立了一种简单明了的商业模式,西方的投资者一看就懂——用数码电视在写字楼里播放广告。分众传媒的模式和德高广告公司在飞机场和高速路旁的巨幅广告很相似,只不过分众传媒的广告信息是数码的。

分众传媒可以利用技术的力量,在相同的广告覆盖区域内带来更多的营收，只需要把单张静止的广告海报变成循环播放的广告视频就可以了。同样的广告位面积里放入更多的广告内容，意味着能有更多收入——简单得不可思议，概念直截了当。像传立媒体这样在分众传媒投放广告的媒介购买商们理解这种模式，也把更多客户的数字广告预算分配到分众传媒的渠道。

接下来的几年里，尽管对分众传媒广告效率的质疑越来越多，公司的估价仍然一路飙升。公司通过收购而扩大规模，买下了市场研究公司艾瑞咨询和网络广告公司好耶广告。分众传媒成千上万的广告屏幕在全国各地涌现，无论是街道两旁还是电梯间和电影院。

正如我之前提醒过江南春，屏幕损坏可能早于预期，果不其然。我办公楼里的一块屏幕坏了好几个月，还有一些被刮花了，破坏了广告的视觉效果。后来，一位分众传媒的高管向我承认，每隔两到三年屏幕就会坏掉，换新屏幕的成本比想象的要高。人力成本也上升了，所以请人手动上传广告内容已经不再便宜。

2011 年，分众传媒被美国人卡森·布洛克管理的投资研究公司浑水基金弄得猝不及防。布洛克发表了一篇言辞犀利的报告，斥责分众传媒夸大了屏幕数量，比实际多出 50%。分众传媒声称浑水基金的指控夸大其词。

布洛克本人后来也被指利用对冲基金暗中勾结，通过发表唱空报告来操纵市场。他的报告真假参半，然而损失已经无可挽回。投资者抛弃了分众传媒。江南春陷入股价暴跌的困境，并在私募公司方源资本的帮助下将分众传媒私有化。就在方源资本注资分众传媒之前，方源的一位合伙人对我说：“我们可以给分众传媒重新定位，能赚到钱。”

然而，那个时候江南春已经赚到了一大笔钱。

1990年代末，中国众多初试啼音的初创公司——例如搜狐、新浪和分众传媒中——没有一家是以特别有创新力而著称的。他们模仿西方公司的商业模式，例如互联网门户网站雅虎，广告公司JC德高，然后包装一下推给中国消费者。

这些中国的互联网公司动作灵活又以市场为导向，颠覆了守旧古板，只对上级负责，不在意消费者的国有企业的主导地位。

互联网公司传递的内容鲜活，但用的是西方开发的技术。每天从早到晚，搜狐和新浪不断更新上传中国的名流、美食和体育明星的动态。分众传媒所做的纯粹就是把广告海报数字化，为品牌提供各种广告媒介和服务套餐，走在了中央电视台和其他国有媒体前头。

在那段时间，模仿美国成功的商业模式就能赚到那么多钱，根本没什么理由去创新。搜狐的创始人张朝阳也是一个例子。这位企业家通过模仿美国的套路再包装一下拿到中国，成为了标杆。2000年搜狐IPO之后，张朝阳赚到了几亿美元，而那时候在中国，一个月薪水有60美元就已经很不错了。

试图创新的想法可能反而对融资的消极作用更大。创新可能会带来麻烦，或者说，保守的监管机构会来找麻烦，一家大型互联网公司的创始人2003年跟我这么说。“为什么要冒险呢”，他说，既然已经有这么多机会，从现有的模式里拿一个不就好了吗？你只需要看看他的豪宅有多宽敞，再看看有多少像彭博社那样的公司跟监管机构发生冲突，就知道他说得挺在理。

在那段时间，外国投资者担心被骗，他们也有理由这样担心。毫无戒备心的外国人由于轻信中国公司被骗数亿美元，这样的传闻比比皆是。这种故事在许多书里反复出现。比如说祈立天2004年出版的《中国先生》和孟天的《黑心帝国》。我的公司 CMR 为一家私募股权基金客户做尽职调查的过程中也凸显了这类风险。

我们的客户想收购一家号称在全国有 50 家店面的公司。私募基金公司的领导甚至去拜访了一家店面,发现生意红火,门庭若市。我们在尽职调查的过程中查看了另外几家店面——但是找不到。这家中国公司根本就是假的。基本上,他们就做了一个假的店面,雇佣钟点工来充门面,演给外国投资者看。

为了降低风险,一些投资者不会投钱给中国真正的初创企业,而是会投入一半资本把西方公司引进亚洲市场,比如 1972 年由刘易斯·拉瑟福德和吉姆·霍伊斯创办的 Inter-Asia 风险投资管理公司。Inter-Asia 成为这些西方品牌信赖的本地合作方,然后将股份卖给母公司,完成退出机制并获得利润。

投资者相信拉瑟福德和霍伊斯。拉瑟福德来自美国东北部的名门望族。他的外祖父弗兰克·L·鲁尔克,是纽约戴维斯鲁尔克 & 华德威尔律所的创始合伙人。他高中就读于圣保罗私立学校,大学念的是普林斯顿,后来去哈佛商学院学习,在那里遇到了霍伊斯。霍伊斯去哈佛学习前是美国海军海豹突击队的教官。那时候在中国投资的美国人当中,极少有人像拉瑟福德和霍伊斯这样拥有耀眼的背景。

我第一次见霍伊斯和拉瑟福德的时候是为了入职 Inter-Asia 在上海的办事处,担任研究主管,并负责信息技术(IT)行业的投资项目。那时候他们都 60 岁上下,身材魁梧得像岩石。拉瑟福德带领整个 Inter-Asia 团队进行徒步和跑步运动。霍伊斯看起来仍能不费吹灰之力地完成海豹突击队的地狱一周训练。有一次我们搭乘轮渡碰到了台风,于我而言简直是灭顶之灾。霍伊斯则面不改色地吃完了所有饭菜,看着我难受得要死祈祷能活到明天的样子哈哈大笑。

拉瑟福德向那些有意向的投资者推介 Inter-Asia 把西方品牌带到中国运营的投资策略,说这种策略“没有商业风险,只有管理风险”。Inter-Asia 把西方家喻户晓的品牌引进亚洲,例如麦当劳和宜家,以此赚得了好几百万美元。养老基金和大学校产基金蜂拥而至,纷纷给他们的早期基金投资。中国的监管部门很快就理解麦当劳和其他成熟企业的商业模式和运营方法,也相当迅速地完成了审批。

1990 年代末,投资者不再满足于在中国运营西方品牌。他们想要投资本土化的企业,开始支持一些土生土长的中国初创公司,比如搜狐、分众传媒和新浪。他们心里也有一种与拉瑟福德和霍伊斯不同的退出策略——不像拉瑟福德和霍伊斯那样大部分依靠卖出股份来盈利——而是希望通过 IPO 来赚钱。IPO 对公司的估值往往比直接卖出公司得到的收入要高出许多。再者,IPO 还有别的好处,因为能获得西方财经媒体的关注,包括《华尔街日报》这样的媒体会报道他们的成功,让他们下一次募资更容易,从而周而复始。

投资者一直害怕遭到中国企业的欺骗,所以部署资本运作也格外小心。一些公司不会直接向中国企业投资,例如萨特·希尔这样专注于投资科技公司的风险投资公司,会把钱交给他们信任的中国投资专业人士所运营的本土风投公司手中。

萨特·希尔与耶鲁大学基金一起投资了斯坦福大学毕业生李世默创立的成为基金。李后来因为在 TED 演说并撰写社论维护中国的政治体系而广为人知。格雷洛克风投公司采取的策略与萨特·希尔相似,他们把钱投给了邓锋创立的北极光创投,而没有直接把钱投给中国企业。

也有一些风险投资公司决定冒一次险,在上海和北京成立办公室。这些公司的高管几乎没有任何在中国运营的经验——往往除了秘书、司机和初级分析员之外,连其他会说中文的雇员都没有,但他们还是想分一块蛋糕。他们试图投钱给那些海外留学归国的(通常留学美国或者英国)和英语说得不错的创业者。

尽职调查往往需要确认,创始人的英语说得不错,并且能常常冲澡搞好个人卫生,就没有别的什么了。这么说一点都不夸张:一位世界知名的风险投资公司中国区主管,有一次相当委屈地跟我抱怨说他见过的创业者"都很臭——他们都抽烟,都到 KTV 找小姐。我不知道怎么跟他们沟通。你认不认识能说英语又经常洗澡的创业者"。他说如果我认识这样的人,拜托介绍给他。

西方投资者因为不放心在中国经营,语言又不通,他们更喜欢受过西方教育的中国人运营的简单明了的商业模式。百度,也就是"中国的谷歌"的创始人李彦宏,是纽约州立大学布法罗分校的毕业生。纽约大学斯特恩商学院工商管理硕士俞渝,创办了在线零售公司当当——这是中国的亚马逊。马云,虽然没有出国留学,但当过英语老师,能与西方人自如交流。他创立的阿里巴巴淘宝平台定位为中国的 eBay。毕业于特拉华大学及斯坦福商学院的陈一舟创办了人人网,这是中国的 Facebook。

这些照搬西方模式的公司也从西方基金或者企业获得资本投入(人人网获得美国泛大西洋投资集团的投资,雅虎则投资 10 亿美元给阿里巴巴)。与此同时,中国仍然贫穷,市场欠成熟,还没有一个真正意义上的风投资本公司,所以创业者必须依靠外国的投资人。

只要一个硅谷的科技初创企业获得了投资,几百个山寨它的中国企业就会在几小时内成立,这已经成了圈内的一个段子,即便是这样,这些山寨公司有许多过得还不错。多年来,一个又一个山寨互联网技术初创企业的创始人变成了富豪，即便他们的公司根本没有盈利。

俞渝创办的当当用了11年才等到第一个正向现金流的季报，但在此之前她已经通过2010年的IPO变成了亿万富豪。新浪旗下与Twitter相似的微型博客平台新浪微博在2014年4月上市，估值高达几十亿美元，尽管它前一个季度亏损4760万美元。网络零售商麦考林2010年上市时募得1.29亿美元，上市第一天股价大涨57%，尽管这家公司的市盈率为0。

对冲基金与公募基金的投资人并不会追究创业者的公司有没有盈利。和1990年代末硅谷互联网热潮那会儿一样，投资人对中国的潜力垂涎欲滴，投资决策基于被投企业的市场份额和销量增长。就算真的有人会看一眼投资回报率或者盈利情况，也只是看一眼而已。当当的首席财务官在公司IPO之后甚至直言，公司专注于扩大市场份额，增加营收，因为投资者并不关心盈利与否。

国际投资圈的狂热教会了中国科技创业者一件事，就是试图创新或关心盈利根本没意义。只要营收和市场份额持续上升，他们个人就会富得流油，至于盈利与否，管那么多干吗。

江南春和其他1990年代末到2000年代初的许多中国创业者一样，通过创立一个西方人容易理解并采用西方商业模式的公司来赚钱。他并非通过开拓新技术而致富——他没必要开拓新技术。相反，他通过扩大规模和市场份额来积聚财富。

其他人，比如搜狐的张朝阳，就更明显了。从雅虎和其他西方互联网公司照搬西方的商业模式——但是这没有关系——他们也发财了，并且因为卓越的表现而获得国际声誉。我第一次见张朝阳是在一个只接待受邀客人的招待会上,那是 JP 摩根举办的一次招待会,旨在把国际董事会介绍给受邀客人认识。托尼·布莱尔,我的妻子和我在一起聊中国的年轻一代;我看到张朝阳正追着亨利·基辛格聊天。

别的创业者看到张朝阳和江南春的成功,意识到没必要花钱搞研发。江南春甚至都没有尝试自动上传数字屏幕的广告内容;请廉价的工人手动上传性价比更高。

那段时间投资者们也对支持创新企业心存犹疑。他们把钱投给山寨公司,例如像当当和分众传媒那样具有简单明了概念的公司,因此他们也很少花时间寻找创新型公司。在这个过程中大家都赚钱了。

2014 年冬天,我想了解金融家们对十年前,也就是张朝阳和江南春刚刚创办公司的时候,投资创新企业是怎么看的,并且他们认为目前中国的创新之路走到哪儿了。所以我安排了和罗伯特·梅可洛共进午餐。他是上海愈奇创业投资公司的创始合伙人。

梅可洛是斯坦福大学校友,曾经于硅谷鼎盛时期在一家风险投资公司凯鹏华盈工作,然后创办了这家自己的公司,专注于投资中国市场。很少有人像他这样在早期投资方面同时具备在中国和美国运营的丰富经验。

梅可洛邀请我到一家生意火爆的素食餐厅,就在上海恒隆广场的后面。我们 11 点半就到了,这样能确保在午饭高峰期之前有座,否则到时候附近写字楼的人们会挤满这家餐厅。梅可洛又高又瘦,学院派着装——牛津衬衫,卡其长裤。他身材高大,谈吐自信,就算坐着也能感受到他气宇轩昂。

服务员端上一盘素鸡,这时梅可洛开始对我讲述他的投资策略。

他对于医疗保健行业仍然持有看涨的观点，并且预期能从早期投资当中获得回报。这种回报比中期投资和卖出收益要低一些，但是会随着市场逐渐成熟，在今后几年逐渐增长。

我们的话题转到了中国互联网早期的创新。当梅可洛吃东西的时候，我趁机问他为什么那时候看起来没有多少创新的东西。

梅可洛告诉我，历史地来看，“曾经有商业模式创新，但没有技术创新”。他把创新区分为两个部分：1. 商业模式创新。中国公司在这方面很在行，把别的国家的技术拿过来，做成适合中国人的样子；然后是 2. 技术创新，更偏向发明创造。

梅可洛解释说，早期侧重于商业模式创新很自然，因为改进商业模式并将它们本土化以适应中国市场的特殊需求，光是这样做就有很多机会了。这与 1960 年代的日本和 1990 年代的韩国很相似。它们在类似的阶段也是这么做的。就算是美国也经历过一段相似的进程，从模仿欧洲的技术起步，直到 19 世纪末才开始自己的创新。

有道理，我想。1990 年代，低垂的果实太多了，没必要投资给技术创新。三星和索尼刚起步时也依赖于制造廉价山寨产品。它们成为全球知名品牌之后，才开始投资创新以提高利润空间，打败顶级市场的领头羊。

我在想如何用梅可洛的理论来解释江南春的分众传媒案例。江南春从技术层面上说，没有发明什么，但是他把数字屏幕和广告结合在一起，就有了分众传媒。他并没有搞技术创新，但这是一种商业模式的创新，通过利用技术并本土化以符合中国市场的具体需求。

服务员又端来一些泡淡了的茶。梅可洛抿了一口，叫服务员过来确认一下给我们喝的是茶，而不是端错的水。然后他接着说：“中国的创业者又不傻。他们知道唯一的目标就是盈利。那时候投资搞技术创新风险太大了。”我想到那些真正在互联网领域搞技术创新的公司,都付出了高额的成本,但成功率却很低。我想不出2000年到2005之间有任何技术创新的成功案例。大部分创业公司都在模仿西方模式,赚的盆满钵满。

对梅可洛来说,缺乏持续技术创新的根本原因是因为在这个尚未成熟而又迅速发展的市场中,坐享其成的机会太多了——也就是所谓的低垂的果实还有大把可摘,在过去的15年里,把其他国家好用的想法包装一下搬到中国的本土市场,这样就能赚钱的太多了,不必花太多金钱和时间搞发明创造。如果有足够多汁水丰盈的苹果挂在你面前,又何必为难自己爬上更高的枝头呢?

过去30年里中国缺乏创新是因为外部环境造成的,并非像纽约长岛大学波斯特分校经济学教授帕诺斯·穆都库塔斯2012年在《福布斯》杂志上撰文所称,是由于中国文化先天缺乏创新能力。穆都库塔斯称中国人不能创新是由于他所说的“儒家的顺从性”,是这种思想阻碍了创新,妨碍了自由的思想。在穆都库塔斯看来,中国永远都不能成为创新的温床。但是李约瑟在他的文集《中国科学技术史》中提到了一些显而易见的创新案例,比如火药、多级火箭、指南针。这些创新都发生在古代,那时儒家文化对社会日常生活的影响比今天更深刻。

如果古代的中国人能够创新,那么中国在近几十年里不能创新的原因应该不是文化问题——简而言之,中国从1978年开始经济改革,允许个人经营私营企业,那时候没有必要投资创新。教育系统的创新和监管问题毫无疑问拖累了创新的进程,但是经济体本身的自然演进对创新的影响更重要。

如今,低垂的树枝日渐稀疏,越来越多坐享其成的机会和快速赚钱的机会已经被人从树上摘走了。当我们离2020年代越来越近,这样的机会也将越来越少。

十年前中国的经济体量还很小,对大多数企业来说中国还是个可有可无的市场。而今时不同往日,中国已经是跨国公司必须赢得阵地的关键市场。跨国公司将必须拿出更多的投入进行创新,以弥补中国企业和国际企业带来的更加激烈的竞争局面和更高的成本投入。

纯粹靠模仿商业模式就能让当当和搜狐崛起的时代已经结束了。消费者现在不再想要那些仅仅从西方抄来包装一下符合中国口味的西方产品——相反,他们要一开始就冲着为中国开发的目标而生产的产品。我的公司CMR做过一项调查,访问了全国各地的消费者。我们发现对"中国制造"标签的自豪感日益高涨,这也意味着消费者想购买为中国制造的产品。2005年我创办CMR的时候,消费者希望买到美国或西欧流行的时尚和科技产品,以此来彰显身份。而我们2014年的研究表明,消费者对中国的趋势引领品牌的期待比任何时候都要高。

坐享其成的机会与创新之间的角力发生了变化,反映出中国经济的宏观转变。中国这个经济体也已经处在一个和江南春创办分众传媒时非常不同的阶段。1990年代到2000年代初,以朱镕基总理的经济改革为标志,发生了从计划经济到市场经济的剧变。朱总理要求国有企业卖掉资产,在私有化和提升效率的过程中,数以千万计的工人下岗。

在这个重构经济秩序的过程中,如果你后台过硬,领导也相信你不会惹政治麻烦,就很容易赚到钱。一家位于北京顶级地段的餐厅老板和我一起在他价值数百万美元的公馆时，告诉我公馆的产权归一家国有企业所有，但是给他使用，免租20年，“因为他们想要吸引消费者到他们开发的项目里来”。这家餐厅免租金，一年盈利1000万美元，直到2013年开始打击公款吃喝之后生意锐减，他不得不关掉了餐厅。还有一位高官的儿子告诉我，他获得批准成为位于北京某城区的某个部委的红酒垄断供应商，赚了好几百万。

中国经济的驱动因素正在发生变化。2013年习近平就任国家主席后开始的大规模反腐行动迫使企业面向市场，而不是面向关系。在习主席的领导下，政府因腐败罪行逮捕官员，例如中国的前政法委书记和政治局常委周永康，以及前中央军委副主席和政治局委员徐才厚。能源地产与消费品控股公司华润集团的董事长宋林因为贪腐被捕。国资委主任蒋洁敏也被开除。

习主席更改了政府采购的流程，使之更透明，对公务员用餐费用、机票酒店和用车开销等也做出限制。公务宴请现在仅限于“四菜一汤”。

靠着后台靠山支持的公司纷纷倒闭，而能调整适应更透明的新常态的公司日益壮大。以北京的高端餐饮业为例，大董烤鸭这家高级烤鸭连锁餐厅的营收打破往年纪录，不断开出新店，因为这家店的客人大多是自己买单的食客，而不是公款宴请或国有企业公款吃喝的客人。数以千计做公费生意的餐饮企业面临亏损，甚至彻底倒闭。

中国开始逐渐摒弃过分依赖低息贷款，用大量投资促进经济的模式，整体经济增速放缓。李克强总理将2014年的经济增长目标设为7.5%，并要求经济发展侧重于可持续发展，而不再走过去几十年那种不计代价求增长的老路。政府现在鼓励减少污染，转而注重投资回报率，而不是一味追求GDP增长的数字。

银行收紧信贷,整体货币供给增速放缓,2014 年 3 月减少到 12.4%,而一年前的数字是 20%左右。只靠关系或利用低息贷款进行大规模投资赚钱的机会也比以前更少了。

宏观经济环境越来越不景气,反腐行动日益深入。消费者越来越挑剔,这些变化要求更多的公司必须往价值链的高端迁移,重视创新与品牌建设,否则将面临更微薄的利润空间,甚至破产。对于许多行业来说,山寨别人的商业模式行不通了。公司需要同时重视商业模式创新与技术创新才能保持长期的优势。

有一个非常火热的话题,就是即便创业者和金融家都承认有必要创新,那么中国到底能不能创新?有没有哪些障碍(除了帕诺斯·穆都库塔斯的文化无能理论之外)?

美国副总统乔·拜登认为中国不能创新。5 月 28 日,他在美国空军学院的毕业典礼上对学员们放言:“我谅你们也讲不出任何一项创意项目,任何一项创新的改变,任何一项创新的产品是中国创造的。”康奈尔大学材料科学与工程系的退休教授史蒂芬·L·萨斯的论断也与拜登类似。2014 年 1 月他在《纽约时报》上撰文称中国无法创新:“除非它抛弃体制性的文化,不再压制异议,允许言论自由,并鼓励批判性的思想。”

真是这样吗?我在报纸上看到拜登和萨斯的论断时这样问自己。为了了解他们的观点是否正确,我去寻找不同行业的企业家和投资者,看看他们是否支持走向更多创新的转变,以及还有哪些障碍,并用中国的创新例子来具体说明。

答案很明确,就像我们看到的:拜登和萨斯错了——今天的中国的确有创新,明天还会更多。因为今天已经播下了创新的种子。如果美国政府和公司低估了中国企业在价值链上进阶的能力,那将是个错误。因为妨碍中国创新的因素正在慢慢消失。

在第二章和第三章里我们将会关注互联网、制造业、生物技术、医疗保健领域的创新和趋势。在第四章里我们要看一看创新还面临着哪些钳制因素和挑战,以及下一个五年的创新潜力。显而易见,中国已经稳健地迈向创新曲线的第二阶段。

第二章

创新曲线第二阶段：新兴创造力

2004 年我和几位朋友在上海衡山路一起吃饭,席间有一位不事张扬、瘦瘦的中国男人。他叫王微。一开始,王微是几位朋友里看起来最不起眼的一位:他穿着一身黑,含含糊糊地说他从事和纸媒有关的工作。我们讨论生活在海外和生活在中国有哪些不同,而他则相当沉默。

我们开始聊有没有创办一家公司或者投资一家公司的潜在机会。王微一谈起创业就变得活跃起来。他坐在椅子上挺直了身板,两眼放光。

在他毫不起眼的外表下,我能感到他充满激情,聪明绝顶。吃完饭我们走出餐厅一起去另一家再喝一杯。我问他是否想留在报社工作,还是想从事别的行业。

王微看着我的眼睛说:"我在考虑开一家在线视频网站。"我那时候还在 Inter-Asia 负责信息技术行业的投资。所以他的回答激起了我的兴趣。我怂恿他再谈具体一点。

"我有一个朋友是外国人,我们在考虑做点有关视频分享的事情,"王微说。网络视频播放技术刚刚开始走向主流,而他正在琢磨如何利用这项新技术并创造一种盈利的商业模式。无论在中国还是美国,抑或是世界任何一个地方,都还没有人能做到这一点。

王微的想法停留在很初级的阶段。他还说不清楚他想做什么，盈利模式是怎样的。那会儿还没有YouTube这家后来被谷歌收购的在线视频分享网站，也几乎没有人用智能手机。部分手机还不具备触屏技术，那些安置了内置摄像头的手机，除了拍摄一些模糊不清的静态照片之外，基本拍不了视频。王微和我分享他的想法时，我的脑海像警示牌一样飞快地闪过四个字：监管风险。

我问他，中国有像广电总局那样的监管机构，他怎么才能规避禁播的风险，确保他的公司符合所有相关的法律要求。除此之外最重要的一点是，还有一种风险，就是像中央电视台那样的国有媒体巨头想要保护他们实际上处于垄断地位的媒体内容市场，并游说政府不要开放网络领域令新的对手进来分一杯羹。

监管者绝对不会对在线视频坐视不管，就算是十年后的2014年，广电总局还会要求搜狐禁播《生活大爆炸》和其他几部好莱坞流行的电视剧集，例如《傲骨贤妻》，并在官方报纸上发了一篇社论，举例说明这些剧集里包含"色情淫秽下流的内容"。搜狐的股价大跌，而与此同时中央电视台还在继续播放更加暴露和暴力的HBO剧集《权力的游戏》，啥事也没有。

王微和我讨论有没有哪些办法能规避监管风险和商业风险。我想不到低成本高效益的办法。我建议他多招一些内部审片人员，检查每一条上传的视频，确保视频符合法律要求，需要多少成本就投入多少，向监管方保证所有视频全部合规。或是他能请到一个跟政府关系良好的人，或是与这个人合作，这样就能过监管这一关。但即便这么做，也不能完全保证不会出问题。

那天晚上王微并没有找我要投资，因为他还在计划的初始阶段。老实说，那会儿我大概也不会投钱给他——我担心的不只是监管风险和商业风险，还担心网络带宽成本过高，并缺乏一个清晰的收入模式。

我有好几年都没有和王微联系。终于，基于这些想法，他和一位生活在上海的荷兰商人方德思（Marc van der Chijs）一起联合创办了在线视频分享网站，名字叫土豆。后来在 2007 年，我认识了方德思，对他的了解加深之后，很佩服他敏锐的眼光——他也有跟王微一样的激情和智慧之光。

2005 年王微和方德思在种子轮募资里获得了 50 万美元的融资。第二年他们从 IDG 资本、纪源资本和集富风投拿到了 850 万美元的风险投资，最终在 2007 年和 2010 年他们分别从 General Catalyst Partners 和新加坡主权财富基金淡马锡那里获得融资，总募资超过 1 亿美元。

2014 年当我和方德思聊的时候，他认为土豆成功募资的原因是他和王微都相当成熟——他们当时都 30 岁出头，有就职于跨国企业和初创企业的经历，而他们大多数的竞争对手基本上才刚刚迈出大学校门。"从一开始我们就有长期的愿景，我们在跟风投会面的时候也非常清楚地谈到这一点，而我们的许多竞争对手都专注于赚快钱，"他说。按方德思的说法，他和王微的愿景是，"创造一个平台，大家都能以此分享才华并成为明星"。

方德思说他们推敲了很久才决定到底是把土豆做成一个全球网站，还是做成一个专注于中国市场的网站。在漫长的讨论之后，他们决定只做中国大陆市场。"我相信这是一个正确的决定，"他说，"只有专注于中国，我们才能把这个网站做得让中国人愿意浏览，才能把内容做得符合中国大陆用户的需求。"

这个决定很值。中国的网络使用环境经历了三级跳（中国互联网用户的数量从2000年的1300万激增到2005年的1.1亿,并在接下来的七年里以平均每年增加6400万人的速度飞速发展),土豆网很快风生水起。因为由用户创建的视频展示了老百姓的才艺和创造力,土豆在中国变得家喻户晓。这和YouTube早期的模式相反,在版权所有者还没开始极力保护知识产权的时候,YouTube的内容大部分是从电视里剪出来的节目片段,比如《每日秀》这样的节目,只有很少一部分内容是由用户生产的。

土豆网尤其突出的一点是人们把它和恶搞联系起来——那些调侃讽刺中国人日常生活的视频——永远不会在那些如中央电视台这样一本正经的主流电视台播放出来。这些视频给中国的互联网用户带来欣喜,他们看腻了那些一本正经的肥皂剧,渴望看到新鲜有创意的内容。为了激发网友的创造性,王微和方德思开办了土豆视频节。"原本的想法是为中国的独立电影创造一个伍德斯托克那样的环境,"方德思说,"但它逐渐变成了中国最大的电影节之一。"

尽管大家并没有把视频分享先驱的地位归功于王微和方德思,但的确是他们,而不是YouTube的查德·赫尔利与陈士骏最先让视频分享变成主流。土豆最终在2011年上市,一年后它的竞争对手视频网站优酷通过10亿美元的换股计划收购了土豆。

王微接着创办了追光动画工作室,试图颠覆中国的动画行业。本土创意和娱乐是个热门话题;许多投资过土豆的投资者也追随王微,支持他新创办的企业。而创办土豆之后,方德思在上海运营了一家网络游戏公司,又创办了一家在线零售网站,后来于2013年移居温哥华,成为风投公司CrossPacific Capital的合伙人,寄望于比特币升值盈利。

土豆的成功对于创业者预示着一个新时代的来临。他们意识到他们不需要靠模仿并采用现成的商业模式，而做一件从未做过的事情也能让他们富起来。越来越多的投资者现在愿意支持初创公司，而土豆的成功让投资者们更愿意支持拥有新的开拓性概念的公司。像纪源资本的李宏玮（见本章结尾的采访）这样的投资者开始冒更大的风险，支持例如欢聚资本这样的多媒体社交平台和在线交友手机应用陌陌——他们也成功了。投资者看到了李宏玮的成功，意识到他们不再局限于赚那些唾手可得的快钱。

私募股权投资人现在向有限合伙人例如高校校产基金、高净值人权和养老基金展示他们支持创新的卓越能力。一家管理数十亿美元的私募股权高管告诉我，2014 年这些私募股权的战略就是看他们能投多少到那些能“颠覆传统行业”的互联网公司。十年前他们的字典里还没有颠覆和创新这样的字眼，但现在这些词语是给投资人的项目募资计划书里的关键词了。

一些公司在创投选秀会上仍然跟投资者强调，他们是一些美国公司的中国版，比如说他们是中国的团购网站高朋或者中国的签到应用 Square，但是现在投资者们也愿意听到一些新的商业模式。少数山寨公司赚了点钱，但大多数山寨公司破产或贱价抛售。

那些靠山寨起家的主流互联网公司，例如百度，看到创新新贵的诞生，要寻求避免竞争的途径，也开始创新——即便其同时继续摘取着低垂的果实，而这些情况也一路改变了中国的文化环境。

近十年前我认识了郭怡广。这位长发美籍华人是个话痨，他那会儿是 Red Herring 这家专门报道科技新闻的网站在中国记者站的负责人。但他在中国的事业可以追溯到 1990 年代，他换了许多行业，包括中国流行重金属乐队唐朝乐队的主创之一。他目前的副业之一是主持聚焦中国内容的播客节目。2011 年他上了国际新闻头条，金玉米（Jeremy Goldkorn）在科技网站 *TechCrunch* 的报道中说，郭怡广称高朋在中国“搞得乱七八糟”。

继 Red Herring 的工作之后，郭怡广担任了奥美公关数字营销主管，并成为优酷的顾问，也就是收购了方德思和王微的土豆的那家在线视频公司。他目前是百度的国际媒体公关总监——百度是中国最早的互联网巨头，因其广泛运用的中文搜索引擎，被称为中国的谷歌。

在百度，郭怡广比任何人都能近水楼台地看到中国互联网巨头的演化进程。我问他为什么在过去几年，中国的创新非常有限。对他来说，归根结底的原因就是没有必要。

“过去所有那些低垂的果实都让创业者和投资人感到爬上高枝简直就是疯了，”他说，“搞创新不只是太花钱太花时间的问题。消费者对本土化的外国产品需求太大了。”

郭广怡的回答和我从愈奇风投的罗伯特·梅可洛那里听到的结论不谋而合。中国互联网的发展早期，根本就没有创新的必要。消费者的要求相对较低。只要是面向市场的私营公司，拿出来的产品都比那些懒散的国有企业要好。百度创始人李彦宏盘踞了中国富豪榜首位好几年，这也证明他最初山寨谷歌的决策没错。

随着时间的推移，越来越多的中国人尝过海外生活的滋味，无论是通过留学还是旅游。他们的要求变得更高了。他们对全盘照搬或稍稍改头换面的外国概念没了兴趣。越来越挑剔的消费者群体不仅要求服务和产品是最优质的，其本身也是创新的。“现在一个互联网公司的品牌价值中与创新相关的部分越来越多，”郭广怡告诉我，“中国互联网公司现在非常需要售卖一种理念，即他们有能力真正地——而不是‘渐进地’——创新。现在创新是文化的一部分。”

为了保持市场领先地位，百度除了拥有基本的类似谷歌那样的搜索功能之外，也发布和更新了一些创意产品，例如百度翻译和百度地图，并不断为这些搜索工具增加服务功能。百度还收购了一些创新企业，包括 2014 年以 19 亿美元收购手机应用商店 91 无线。

2014 年 5 月，百度跨出了更大的一步，聘请斯坦福大学人工智能研究团队和硅谷研发中心的主管吴恩达。百度已经不再满足于模仿谷歌——它开发了更多的业务，专注于创新以满足消费者的需求，即使消费者还没意识到他们有这些需求。

但是百度并没有完全调转方向只投资研发创新产品，郭广怡说：“有一些很厉害的产品，但事实上还有好些低垂的果实可以摘。”郭广怡认为科技领域最大的机会是在真正的创新和市场中仍然存在的轻松获利这两者之中保持平衡。“投资者的资本仍然流向那些更可能有回报的领域，就是打安全牌。至少在今后几年还会有‘拷贝到中国’的安全牌。但我绝对相信这种局面正在转变，会有更多的创新。任何试图阻碍这种剧变的企图，只会在今后几年让这剧变来得更快。”

“他好矮，我是说，特别矮，”美国互联网科技界的传奇人物大叫着，拇指和食指之间比划出一丁点缝隙。那是 2006 年，她刚刚去杭州见阿里巴巴的创始人杰克 · 马。“他比我想象的还要矮多了。”

这位互联网传奇人物对杰克 · 马的看法仅限于此。尽管她出于杰克不同寻常的外表或是其他什么原因小看了他，而五年之后，杰克 · 马在中国市场把她的互联网公司打得落花流水。这家美国公司花了几千万美元试图进入中国市场却收效甚微，如今只剩下一个壳。

这家在美国家喻户晓的公司在中国的市场份额小得几乎可以忽略不计。

杰克·马的中文名字叫马云。尽管个头不高,但过去15年间他对中国经济的影响之大,无论怎么说都不为过。商界里传说他像钉子一样硬。有一位很有影响力的商人告诉我:"他太冷酷了,雄心勃勃又高傲自大,我永远都不想跟他合作。"但是他又极不情愿地承认,马云"对他那一行真是太他妈的在行了"。尽管——或许真是因为——他那冷酷无情的性格,马云撼动了中国的经济模式和传统行业。论影响,能与他并驾齐驱的人屈指可数。数数看在美国能与他相提并论的是哪些人:比尔·盖茨、亨利·福特、史蒂夫·乔布斯,再也想不到更多别的了。

马云的公司阿里巴巴主导着今天世界上最大的电子商务市场。他还在进一步颠覆现状,进军理财产品市场、银行业和职业足球领域,以及一大堆其他以往由效率低下的国有企业唱主角的行业。

打破藩篱是马云的习惯。首先他用互联网创造了一个公司对公司业务的平台,让采购过程变得更简单、透明、可信。当中国采购的交易额迅猛增长时,马云让全世界的小公司能透过这个平台从中国采购,帮他们省下昂贵的中介服务费和大笔差旅开销。这个阶段阿里巴巴在模仿商业模式,或者可以说在实施商业模式创新,而不是技术创新。

然后他创立了淘宝,改变了个人和小本生意售卖产品的方式,在这个过程中把eBay打得落花流水。淘宝上能买到海量的种类繁多的产品,对中国各地尤其是二三线城市以下消费者来说是个福音。没有淘宝之前,这些小城市的消费者的购物选择还局限于那些比大城市推陈出新的节奏要慢上几拍的实体店。

卖家和买家的互相评论降低了消费者买到黑心商家的假货而上当的风险。最关键的是,阿里巴巴有支付宝系统——它与国外例如PayPal这样的服务不同。支付宝收到买家付款之后会托管货款,直到买家确认收货之后再将款项付给卖家——这个过程克服了中国消费者网上购物过程中最大的障碍,即害怕无良商家寄出假冒伪劣产品。这一改进填补了国有银行网络支付的空白。像中国银行和工商银行这样的银行本应该推出这种服务,但却没有这么做,因为他们只顾着服务国有企业客户。

淘宝和马云本人也备受诟病。人们指责淘宝让许多小店家拥有了卖假货的渠道。而在版权持有者查明这些售假商家之后,淘宝才关掉了这些店。品牌商常常指责马云对网上贩卖假货的行为治理不力甚至漠然无视。但面对失去大笔金钱及消费者信任的危险后,阿里巴巴开始治理网站,打击假货,每年投入1600万美元专款打假。2013年,淘宝删除了超过1亿条涉嫌山寨侵权的商品信息。批评者则指责淘宝的打假动作太小,毫无效果,因为淘宝上有超过700万个店家售卖8亿种商品。

阿里巴巴为了打击山寨,开办了天猫商城。在天猫上开店的品牌商可以直接销售自己的产品。在天猫上运营网络直营店的品牌包括阿迪达斯和博柏利(Burberry)。这些品牌的入驻帮助天猫建立了可信度,也让消费者放心天猫是个卖真货的地方。虽然淘宝的商品种类更多,价格更便宜,消费者仍然拥向天猫商城,因为天猫更值得信赖。在这个过程中,天猫的成功颠覆了实体百货公司的生意,也颠覆了品牌自营网络购物平台的模式。阿迪达斯的一位高管告诉我:“我们在天猫上的销量远超自有网站的订购数量,今后也会投入更多精力到天猫。”

尽管淘宝名声不佳,但旗下的天猫却和品牌商直接签订交易合约,成为了国内最受信赖的销售渠道之一。消费者往往更相信天猫而不是实体店,因为他们害怕实体商店出售假货或者过期食品。阿里巴巴打败了西方的互联网对手例如 eBay 和亚马逊,因为阿里巴巴了解消费者的需求,并且满足了这些需求。比如,eBay 在收购了中国互联网竞争对手易趣之后(易趣本身就是 eBay 的山寨版),将易趣重新更名为 eBay。然后 eBay 的管理层把易趣原本使用的也广受中国消费者喜爱的五花八门的界面换掉,改成了美国人喜欢的那种清爽干脆的界面。eBay 还不顾中国管理层的反对,把主机服务从中国搬到美国,这样一来登录页面的网速也变慢了。一来二去,eBay 很快将老大的地位拱手输给了阿里巴巴,最后完全撤出中国市场。

马云最早期的创新大多专注于商业模式创新,并模仿现存的概念,例如 eBay、当当、PayPal 和亚马逊,而不是真正的发明创新。这种模式很管用,马云赚了几十亿。他与联合创始人蔡崇信的财富多到足以支持他们创立 30 亿美元的慈善信托,这是截止 2014 年中国最大的慈善基金。但是威胁阿里巴巴统治地位的因素也逐渐出现,促使马云更重视发展全新的业务种类。

21 世纪第一个十年,中国网民的数量飞速增长,之后,网民又逐渐开始转向移动上网。使用移动端上网的网民数量从 2010 年的 1.43亿人增长到 2014 年初的 5.1 亿人,他们几乎全都使用智能手机。许多手机用户是不断地从一个城市迁移到另一个城市的打工者,他们对价格敏感,不愿意签订长期的手机合约。他们更喜欢用充值卡,使用 Wi-Fi,而不是数据流量包。

2011 年,总部位于深圳的腾讯公司推出了重磅产品。这家公司过去大部分的盈利来自网络游戏、广告和即时通讯平台 QQ,而现在则推出了移动通讯应用，微信。一开始人们往往把微信比作国外开发的手机聊天应用 WhatsApp。虽然表面上的确有相似之处，但微信比 WhatsApp 多出许多强大的功能。这些功能让微信看起来更像是 Facebook 那样的社交网络平台。“微信以 WhatsApp 那样的聊天应用程序为基础，但增加了创新功能之后变得更好用了，”方德思说。微信和 WhatsApp 一样，能够根据手机通讯录里已经保存的手机号码提醒用户添加好友。微信也和 Facebook 一样提供空间让用户与好友分享内容，发布状态更新、照片、歌曲和视频。

但是有几个关键功能让它脱颖而出：首先它有短时录音功能，这个功能满足了用中文语音交流的需求，填补了之前从未实现的空白，因为中文有许多同音字和不同的声调，这妨碍了语音识别转化成文字的程序开发。其次，只有互相加为好友之后，用户才能看到彼此上传的内容、评论和点赞，这使得社交网络更私密，更亲近。中国用户感觉用起来很安心。它还内置了扫一扫功能，可以通过扫描二维码来添加好友，加入聊天群组，下载优惠券，在超市扫码追溯产品原产地，以及其他诸多功能。

微信一下子就火了。面世三年后，微信已拥有超过 3 亿用户，并在印度、印度尼西亚和巴西也获得了市场份额。我都记不得最近一次在中国别人问我要电邮地址或电话号码是什么时候了——每个人都会问我要微信号。

方德思认为微信是中国基于用户需求而创新的一个案例。“你能发现中国公司往往会模仿一个在西方已经成功的概念，然后做得比原版更好。因为他们在已有的成功基础上加以创新。造成这种现象的主要原因是中国的竞争如此激烈，你不能仅仅模仿一个概念；你得与众不同才能打败对手。所以你非得创新不可；否则别的公司会夺走你的市场份额。”

微信的崛起突然间颠覆了许多行业，这跟阿里巴巴的情况一样。腾讯的免费通讯工具群对中国移动和中国联通这样的移动通讯运营商的盈利造成了伤害，因为消费者不再使用传统的方式进行联系。他们不再发短信，甚至不再打电话，转而使用微信发消息，使用语音对话。新浪微博的用户都纷纷转投微信，因为微信在智能手机上更好用，也更安全，只有加入了朋友圈特别设定的人才能看到他们的内容更新。

在撼动电讯与社交媒体的道路上，腾讯马不停蹄。因为微信太火了，从许多层面来看，它占据了手机的整个界面，添加的功能也越来越多，比如地图和视频聊天，让别的手机应用无用武之地。用户们一打开手机就直奔微信，跟朋友聊天，看朋友圈更新，用微信下载应用，几乎把微信变成了另一个操作系统。腾讯开始推出新的业务，用微信的支付系统和扫码功能使用户在网店和实体店都可以完成购物支付。

阿里巴巴原来一直称霸互联网电商领域，直到微信的出现改变了状况。微信占领手机界面的比例越来越高，腾讯也开始从阿里巴巴手里抢蛋糕了。腾讯开始购入其他公司的股份，包括京东商城，这也是全国第二大的仅次于天猫的网络零售商（见第七章采访京东商城创始人刘强东）。腾讯还收购了餐厅点评网站大众点评的股份，以及打车服务商滴滴打车的股份。

腾讯将支付系统嵌入微信当中，以此挑战阿里巴巴在支付系统和电商领域的统治地位。到 2014 年初，大约有 20% 到 30% 的电商销售交易是在手机上完成的，和一年前只有 5% 到 10% 的数据相比，增长迅速，这样看来腾讯对阿里巴巴的威胁不可小觑。2013 年年初的冬天,CMR 为一家对冲基金做调研,研究消费者使用微信的习惯。我们发现消费者表示他们会在手机上浏览商品,但仍然在家里的电脑上完成支付。他们觉得通过微信买东西不太放心。但是随着腾讯大力推进移动电商业务的发展,并增强消费者对微信的信任,这种局面在 2013 年彻底改变了。

消费者甚至可以通过微信购买理财产品,给朋友发红包。通过整合电商网站与微信支付,微信对淘宝和天猫的商业模式构成了威胁,因为消费者能绕过淘宝和天猫直接到京东和其他购物网站购物,并且仍然能够用便利的方式为商品付款。

2014 年阿里巴巴 IPO 迫在眉睫,马云不得不在移动领域攻城拔寨。他开始收购移动互联网公司的股份——甚至干脆买入某些公司的全部股份。阿里巴巴收购了估值 15 亿美元的数字地图和导航公司高德,也买入了新浪微博 33% 的股份,并以 12.2 亿美元购入优酷的股份。

腾讯和阿里巴巴似乎每天都在收购公司以获得竞争优势。两家公司都投资了打车服务软件。对于创业者来说,在移动网络领域开发创新产品再卖给腾讯或者阿里巴巴挺划算的,因为他们可以不通过上市就能获得较高的估值。

马云不满足于仅仅同互联网领域的其他对手竞争。他还进入了相对门槛较高但利润可观的金融行业,与国有企业一拼高下。他推出了理财产品,给出的收益比银行微薄的存款利息高出不少。马云提供的收益率太高了,以致储户们开始从银行提取存款,这为 2014 年 1 月的利率危机埋下导火索。银行开始担心将突破监管要求的存款准备金率的下限,导致银行间的拆借利率一路飙升。

马云单枪匹马就迫使国有银行改变了存款利率的现有政策,促使有关方面把利率改革提上日程。国有银行也反戈一击,试图说服监管部门禁止储户通过网络转账购买阿里巴巴或者腾讯的理财产品。银行也开始设置网上汇出款项的上限,对监管部门施压,要求密切关注网络巨头公司的支付系统安全问题。马云在阿里巴巴的移动通讯应用“来往”上对这些银行进行了猛烈还击:“决定市场胜负的不应该是垄断和权力,而是用户。市场不怕竞争,就怕不公平。”

但是,至少在消费者心中,阿里巴巴和腾讯才是赢家。消费者早已对国有银行的服务心怀不满,纷纷支持阿里巴巴,继续使用与购买阿里巴巴的服务。一位28岁的北京女性消费者告诉我:“阿里巴巴和腾讯用起来更方便,比国有银行的产品更好。”

值得肯定的是,监管部门没有出面阻止,而是允许双方继续辩论,并允许互联网公司进入银行的领域,营造竞争的局面,迫使国有银行改革。

影子银行,也就是非银行金融掮客们既提供与传统银行类似的服务,也包括了对冲基金和货币市场公募基金(不仅仅是大多数人想象的那种大街小巷里拿着棍子放高利贷的团伙)这样的融资类型。为了降低发生金融危机的风险,也为了预防影子银行泛滥到危险的程度,银行必须改革,收紧过度的信贷。过去银行往往抵制中央政府要求它们改革的命令。中国的中央银行,也就是中国人民银行,任由银行间隔夜拆借利率在2013年的夏天一路飙升,并造成了小规模的恐慌——这也是迫使银行改革的一次尝试。

阿里巴巴和腾讯这样灵活又有创造力的竞争对手抢走了银行的零售业务客户。银行不能再只靠着国家的支持过活,必须面对市场。2007年的时候一家国有大型银行的行长评价业内这种普遍存在的心态,一语中的。他说:“我只关心把钱贷给国企——我不在乎个人业务。只有让国有企业心满意足我才能升职,而不是因为银行盈利。”

另一家国有大型银行的董事会成员在 2011 年对我说:“我们贷出去多少钱真的无所谓;政府永远会保我们的。”政府的隐性支持纵容了银行走向不可持续的商业道路,并造成了道德违约的风险。

消费者对现有的银行系统感到不满。我的公司有一次调查了 1000 名一线与二线城市的消费者,其中超过 90% 的消费者表示他们对中国的银行感到不满意,或是非常不满意。工商银行的情况稍好一点儿,不满意率达到 86% 。

马云理解消费者对银行的不满。他宣称,银行只照顾到了 20% 客户的金融需求,而他只不过想满足另外 80% 客户的需求。

截至 2014 年一季度末,大约有 8000 万中国人购买了阿里巴巴的网络理财产品余额宝,以追求更高的理财回报。腾讯旗下的同类竞争产品理财通,在 2014 年产品推出的当天就卖出了价值超过 7 亿人民币(约 1.11 亿美元)的产品。

腾讯和阿里巴巴的创新也对国有电信运营商的地位构成威胁。消费者不再发短信了,改发微信,除此之外,政府还强制要求中国移动和其他运营商把带宽卖给阿里巴巴和其他私营互联网公司,以此刺激改革。中国移动的通讯套餐价格几乎是全球最高的。在上海新成立的自贸区内,政府允许注册资本超过 100 万人民币的私营企业投资电信通讯行业。

习近平领导的政府不仅允许互联网金融和电信业的创新,还积极推动这些领域进行创新。一些分析师,例如史蒂芬·L·萨斯曾断言说,政府过于严厉的监管阻碍了创新。但在互联网金融和电信通讯行业,大多数时候政府为推动创新起到了积极的作用,同时也保障了消费者的安全。

阿里巴巴和腾讯的商业模式创新的成功增强了投资者、创业者以及真正的技术创新的信心，也让消费者更欣喜。虽然市场上仍然存在低垂的果实，但资本更雄厚、更有活力的公司相信创新能带来更多的利润，也投入了更多资源进行创新。他们不得不这么做，否则就会被资本雄厚、收购其他创新公司的大型企业甩在后面。过去中国缺乏创新是经济发展阶段的必然结果。中国当时从国家主导的经济体转变为以市场为导向的经济体。以前政府往往阻碍创新，是为了保护国有行业或是出于政治上的考虑，担心创新会造成不稳定，但现在逐渐对金融和互联网领域的创新敞开怀抱，以此推动经济改革。2006年，中国政府宣布，到2020年要把中国变成创新型社会，到2050年让中国成为全球科技的领先国家。2006年国家科技中长期发展计划（2006—2020）里明确了政府开始鼓励创新。

过于强硬的监管之手往往让创业者和金融家在配置资本时踌躇不前，也往往与政府的中长期规划背道而驰。比如说，对于搜狐这样的企业来讲，是冒着监管部门可能毫无预警就下令停播的风险却依然买下《生活大爆炸》的播出版权，还是考虑就算被停播损失也不大而播放盗版的好莱坞剧集？政府需要增加监管规则的透明度，才能鼓励企业承担必要的风险，建立起创新的文化体系。

信息技术并不是中国在全球具备竞争力的唯一领域。制造业，例如建筑设备制造领域，也是培养创新发明的热土，而不再只是把技术从美国或欧洲引入中国。中国建筑设备制造商三一重工和徐工已经迈出国门，通过走出去的战略，从特雷克斯和卡特彼勒这样长久以来称霸市场的西方竞争品牌手中拿到了市场份额。三一重工在美国佐治亚州开设了数家工厂,并收购了德国高科技水泥泵制造商普茨迈斯特。三一重工还聘请了一些外国的工业设计师。

一位挖掘机采购商告诉我:“我们买三一的产品,是因为他们的东西比国外设备更好——并不是因为他们更便宜。”特雷克斯和卡特彼勒的董事会要当心了。想要保持竞争优势,他们必须投入研发,接受更微薄的利润空间,或者推出价格更低的品牌。更可行的方案是必须三管齐下。

依赖廉价劳动力的制造企业通过往价值链高端处迁移,来应对不断上涨的劳动力成本和用地成本。若只靠出售价格低廉质量过得去的产品来竞争,他们无法再承担这些成本。中国企业与那些收入来源众多的跨国企业不一样,必须通过建立品牌、投入研发、提高效率来迅速应对国内市场越挤越薄的利润空间。

就像挪威电信和韩国 SK 这样的移动通讯运营商的高管告诉我,他们采购华为的通讯设备而不买爱立信的,是因为华为的“设备质量更好”。2014 年思科的一位高管告诉我:“华为的技术越来越好了。我们现在还是比他们好,但差距越来越小。我们必须不断投入研发来保持我们的优势。”

咨询公司博思在 2013 年做的创新调研中发现,三分之二的受访跨国公司表示,他们一些中国竞争对手的“创新能力已经达到至少和自己旗鼓相当的水平”。潮流已经转变,中国的公司正在放弃山寨西方技术的道路,转而重视自主研发。

程章伦是全球最大的私募股权公司之一美国华平投资的董事总经理。在他看来,这个转变是一个自然而然的过程。他告诉我:“一个行业必须先成熟,再谈创新。而一个行业的成型需要十年。”程的分析很有道理。制造业公司大部分在 1990 年代末私有化,那个时候它们才刚刚走到开始考虑创新的时间点。

创新的竞争需要好几年,而不是好几十年,就像大部分日韩企业的情况一样。但是缩小差距的速度比分析师们预期的要快得多,比如美奇金投资咨询公司创始人杨思安2014年在《经济学人》杂志的网络辩论中还曾断言,在政府主导的经济形态下,中国的创新遭到了阻碍。

虽然监管问题或者“政府主导”可能会影响创新,但这并非最大的障碍——如果对私有经济的创造力视而不见那就错了。而且,多年来国有经济主导以及在金融和通信服务领域的缓慢发展,恰恰给予了阿里巴巴和腾讯重新重视创新的动因,并因此给市场带来了国有企业无法提供的东西。

某一年秋天,我拜访了朱先生,他是3M公司最资深的高管之一。我想听听他对于创新的看法。3M被认为是世界上创造力最强的公司之一,与谷歌和苹果齐名。这家公司自1984年开始进入中国市场,2013年公司全部利润的10%在中国产生。3M在美国之外全球最大的研发中心位于中国。

朱先生招呼我坐下,并递给我一杯绿茶。在他办公室的一角,3M畅销的空气净化器轻声地嗡响着。

我问朱先生是否认为,中国制造企业的创造力是越来越强,还是觉得它们仍然在依靠模仿西方的创新以及销量和分销渠道而增长。

朱先生沉思了一会儿。“技术层面上,西方公司过去比中国强大得多,”朱先生说,“但是随着中国企业往价值链上游移动,差距正在缩小。”从2012年开始,朱先生说,他就发现3M的中国竞争对手在技术方面大步向前。

他承认:“3M 的产品比中国企业的产品做得好——但不像以前那样强那么多。”日益缩小的差距已经影响到 3M 的一些业务部门,因为他们必须减少利润以保持优势,还得投入更多的钱保持市场领先地位。他们也不得不在别的领域投入更多,比如空气净化系统,以此保持整体增长,获得盈利,达到利润目标。

我问朱先生,中国企业为什么会变得这么有竞争力。朱先生指出,中国企业现在从跨国公司挖来高管,提供很有竞争力的薪酬福利,并投入更多的资金搞研发。他皱了皱眉头。“也有人认为在跨国企业工作的中国人会遇到升职瓶颈。”

中国企业投入了更多的资源,我之前曾听说过升职瓶颈的问题。我也见过许多顶尖的中国高管人才从跨国企业离职加入一家中国企业,因为他们感到留在老东家没机会再往上升。他们基本上没见过几个大陆人晋升到最高领导的位置,并感到外国总部不信任本土的中国人。

一些行业的中国企业有政府支持,比如太阳能以及其他形式的再生能源行业,中国企业有银行提供的低息贷款支持。与受到经济不景气而挣扎求生的西方企业相比,中国企业投入研发的资金要多出不少。对许多中国人来说,为中国企业工作能获得的资源和人脉比在跨国公司要更多。

朱先生继续说:“外国企业整体来讲仍然走在前面,但他们如果要一直走在中国企业前面,就需要继续创新。”他指着办公室里的空气净化器,跟我说像空气净化器和净水器这样的新产品支撑了 3M 的营收,弥补其他那些受到国内竞争对手挑战的产品类型的业绩。

我问他,是更担心跨国公司的竞争对手,还是中国的竞争对手。“中国的,”他不假思索,“因为他们进步得比外国对手快得多。”

3M 仍然是世界上创造力最强的一家公司,但包括朱先生在内的高级管理层并没有低估国内竞争企业的创新能力。他们了解市场的变化,走在了趋势的前沿。3M 需要专注于创新,不能轻视竞争。

在许多行业,中国企业的创新能力越来越强。像拜登副总统那样无视中国企业向价值链上游迁移的能力是不对的,因为改进正在飞速而来。我们最好能听一听 3M 高管们的警告。

李宏玮,上海纪源资本管理合伙人

李宏玮原本是一位战斗机系统升级工程师,现在她是中国最成功的风险投资人之一。她毕业于康奈尔大学,拥有工程学学士和硕士学位,也获得了西北大学凯洛格管理学院工商管理硕士学位,她的事业发生了一个 180 度的大转弯,从技术工程师变成了摩根斯坦利的银行从业人员。2003 年我刚认识她的时候,她在集富风投工作,那时候她已声名在外,是亚洲顶尖的风险投资人。在过去的十年里,她在纪源资本的事业也一路迅速上升。

她投资的企业包括欢聚时代(纳斯达克代码:YY),她也成为了 YY 董事会成员;还有世纪互联集团(纳斯达克代码:VNET),文思海辉技术有限公司(纳斯达克代码:PACT),兆日科技(深交所创业板上市),以及 UC 浏览器。2010 年至 2012 年,她在纪源资本一共投资了五家公司。她也是中国智能手机制造商小米的天使投资人。她对创业者的金玉良言是:“如果能夺金牌,永远不要将就拿银牌。”换句话说,永远争做第一:没有人会记得第二名是谁。

雷小山:中国的企业能否创新,还是说他们只能模仿像谷歌那样的西方公司？

李宏玮：我非常相信中国人能创新，在商业模式创新方面尤其突出。15年前，中国的互联网刚刚诞生，自然就有需求，要有一个中文搜索引擎，于是有了百度；要有一个中文的电商平台，就有了阿里巴巴。但是请注意，在谷歌之前，还有雅虎、EXCITE、@HOME和LYCOS。全世界的互联网都用浏览器进行搜索，这是最基本的需求，但是搜索引擎永远需要根据本地的网站和使用习惯等因素进行本土化。

现在，互联网市场的资本化越来越热闹，有二十到三十几家中国互联网公司的市值超过10亿美元。搜索引擎、电子商务、社交网络、旅游、门户网站等各个细分领域的领导地位已被悉数占领。中国创业者现在不能依靠模仿别的公司的商业模式来竞争，而必须依靠创新和满足本土用户需求、适应本土用户的行为习惯而竞争。

雷小山：能否分享一些有创造性的中国企业的案例？

李宏玮：比如说奇虎，YY（我是YY的董事）以及小米（我是小米的天使投资人）。YY让世界看到你能创建一个实时交流的网络，通过他们强大的后台技术支持，改变用户网上游戏、网上互动、唱歌、互动娱乐的方式，同时颠覆了传统的教育模式，赋予个人展现才华的机会，他们不必依附于某个院校机构，就能有机会在网上展示才华（唱歌、教书等等）。世界上还没有一个像YY这样的模式。

小米让世界看到一家公司能整合最好的硬件、软件和服务。创造一家新时代的基于粉丝群的移动互联网平台公司。小米不仅从供应链、分销渠道和零售各个环节颠覆了传统手机制造业的生态，还展示了如何把互联网的基因注入手机制造的旧世界，并进一步推广到家庭消费类电子产品，例如电视、平板电脑和小米盒子。

创新这个词的内涵不再只限于硬件技术领域。运用科技创新的商业模式为人们创造真正的价值，这是面向生活的创新，不赚钱的创新不是创新，只是研究而已。

雷小山：在中国，创新最主要的限制是什么？

李宏玮：对于创新来说，中国是个绝佳的环境。因为传统的盈利模式（比如按成交额收取广告费等等）太简单，很容易模仿，进入的门槛也很低。中国竞争激烈的环境迫使企业创新求生存。为了生存下去的需求是为商业模式创新带来灵感和创意的必要元素。

如今人才辈出，数量与日俱增。我们看到了一些连续创业者，在海外上市的130多家科技公司也非常成功，足以源源不断地输送人才，无论是在中高级管理者层面还是在工程师层面，都有足够多的人才能够自主创业。

监管也是一把双刃剑。一方面，监管给予本土初创公司一个时间窗口，让他们在国外竞争者进来之前能有机会成长起来。另一方面，与在线视频分享的情况一样，公司必须申请适当的执照，或取得必需的在线视频分享的业务许可，这都会延迟一家公司的业务成长，甚至让这家公司无法运作。监管可以提供保护，同时也会剔除掉一些弱小的公司。

我经常说如果你能在环境严酷、竞争激烈的中国互联网市场存活下来，那么你就已经准备好可以进军全球了。好比说如果在北京污染这么严重的地方你也能活下来，世界上其他地方就是鸟语花香。

破除升职瓶颈

那么多财富500强公司的中国管理团队里连一个中国大陆人都没有,这让我觉得匪夷所思。2013年我和一家财富500强公司的中国执行委员会会面——房间里一个大陆人都没有。我问其中一位美国高管,为什么没有大陆人。他说:"我们有中国人,我们有好多来自台湾和香港的高管。"

我问他,他的公司是否留不住顶尖的大陆人才。他说是的。这也难怪,我想。

我告诉他,大陆人需要看到公司高管层有大陆同胞,否则,他们会觉得在公司里晋升无望。他对此非常惊讶,因为在他的意识里,香港人就是大陆人,大陆人就是香港人。从人力资源的角度来看,大部分大陆人认为台湾人和香港人是外来者,会觉得如果公司高层里没有大陆人,他们自己在公司也没有未来。

对跨国企业来说,抢夺人才仍然是关键之战——并且只会越来越艰难。1990年代末,年轻的大学毕业生梦想进入摩托罗拉和宝洁这样的跨国企业。而2014年CMR的一项调查发现,中国的年轻人现在更想进入国企工作,因为国企开出的条件更诱人,例如给买房的员工提供低息贷款;而更有经验的工人想跳槽去私企,因为在私企职业成长的机会更多。

关键行动项目:公司需要将管理团队本土化,而且最高管理层里至少要有一名大陆人,这名大陆高管的薪水至少应与外籍高管持平——如果不是比外籍高管更高的话。业绩优异的中国管理层人员不再甘愿被公司当做二等公民对待。

重视原料和供应链创新

往价值链上游迁移的中国公司在分销渠道方面表现优异,带来了激烈竞争,这意味着制造企业需要重视生产线的效率以及环境友好性。以时装展示假人模特制造公司 Almax 为例。这家公司由萨瓦里奥·卡坦尼斯于 1969 年在意大利创立。萨瓦里奥的儿子,马斯米利安诺·卡坦尼斯是公司目前的 CEO,他面临中国竞争对手在价格和规模方面的威胁。

为了保持公司的领先地位,卡坦尼斯和 Almax 公司的亚洲区 CEO 皮埃尔·季罗迪投资数百万美元在上海建造了一家工厂,采用创新的生产流程,嵌入与 IBM 联手打造的数字技术使生产线自动控制化。

Almax 没有采用传统的纤维玻璃制造假人模特。这种原料费工费时,污染严重。相反,这家公司专注于提高工厂的效率,使用创新原料。整体而言,大多数中国工厂的功效只有美国或德国同行的四分之一。

Almax 使用创新原料,例如聚苯乙烯,这样能回收循环利用塑料模特。Almax 把生产过程变成了一个闭环流程,以确保零排污——水是循环利用的,扬尘会过滤,并且公司对环境友好的承诺也是该公司的一大卖点,会传递给有环保诉求的客户。大多数中国品牌制造的塑料模特,依赖于纤维玻璃这种不可回收利用的原料。所以 Almax 的零排污理念是将它与这些公司区分开的重要因素。

Almax 与那些依靠手工制造塑料模特的中国竞争企业不一样。

这家公司使用自动化生产线，与对手低效的交付速度和不环保的塑料模特相比，Almax 的交付速度更快，产品更环保。而且 Almax 的交付量更大——对于快销时尚品牌的客户来说这是个很关键的优势，因为他们经常要更换店内展示以吸引终端消费者进店浏览。

时尚零售品牌比如瑞典的 H&M 和西班牙的 ZARA 隔几个星期就会发布新一批设计，而不是每季度发布一次。因此需要更换不同姿势的新模特来展示新设计，布置店内陈设。这些公司也不想把用过的模特丢进垃圾填埋场。于是，Almax 赢得了市场份额，因为它能比竞争对手更快地将产品交付给门店，还能回收旧模特。

关键行动项目：为了应对高涨的人工成本并符合客户对环境友好的需求，制造企业需要提高工人的效率，建造零排污的生产线。中国不会在短时间内失去制造业的领先地位，因为中国的基础设施很到位。但是中国制造的本质将会趋向更高价值。依赖劳动力的轻工业必须迁移到别的国家，例如柬埔寨、泰国和斯里兰卡。

第三章

创新曲线第二阶段续：为中国创新，生物科技和医疗保健

我开车去史雷博士位于上海张江高科技园区的办公室，途中迷了路。一年前才买的卫星定位导航地图已经过时——我开过的许多道路，路过的许多建筑在过去的12个月里消失不见了。

我发微信给史博士，说我迷路了。他答复说他会下楼到他办公室附近的一家酒店停车场来接我。我终于找到了酒店停车场。下车的时候，我才意识到史博士比我预想的要高大多了——大约一米八五，而中国成年男性的平均身高不到一米七。他用大衣紧紧裹住自己，此刻大雨如注，雨滴夹杂着空气中的污染颗粒，变成泥点子落下来。

史博士是锐意公司中国运营的主管和抗体研究的主任。锐意这家生物科技初创企业是由斯克里普斯研究所的雷蒙德·史蒂文斯教授在圣地亚哥成立的。我约史博士见面是想听听他对于中国生物科技产业创新的看法。

和互联网行业一样，对于生物技术和医疗保健行业来说，知识产权侵权仍然是个问题。新闻标题上经常有警方截获仿冒卫生用品或者假药，比如仿冒伟哥和避孕套的信息。2014年2月，法国勒阿弗尔港口海关宣布截获了10吨仿冒的阿司匹林、治疗阳痿的药片和止泻药。这些货物被塞在两个海运集装箱里，以中国茶叶的名义报关。

我问史博士，是对知识产权的侵犯和仿冒阻碍了生物科技产业的创新，还是严苛的监管阻碍了创新？毕竟科研成果要经过多年研究才能转化为市场化的商品，所以我想知道，如果仿冒者能直接盗用这些技术，如果国有企业能够排挤私企，那么花这么多金钱和时间投入研发是否值得。我以为知识产权问题肯定是生物科技发展壮大的巨大障碍——毕竟，大多数跨国公司都因为害怕侵权，把最先进的技术生产线设在中国之外。我们还没有聊几分钟，史博士就打消了我之前的疑虑。

史博士的故事从1990年开始。24年前，他还是一个身材瘦长，21岁的本科生，就读于上海知名的复旦大学。大家都认为被复旦录取的学生意味着以后工作就有了保障，毕业后要么进入国企工作，要么进政府部门工作。

尽管在复旦有优势也有保障，但是史雷决定中途辍学，以追求更好的教育机会。现在这个国家的高楼大厦鳞次栉比，肥胖率高达12%。但在1980年代末和1990年代初，中国的经济发展还是个未知数。当时中国超过50%的人口还生活在联合国定义的绝对贫困线以下，对大多数人来说吃肉还是难得一次的奢侈，洗个热水澡也一样。许多顶尖人才为了拥有更好的生活而离开中国。

史雷后来在芝加哥伊利诺伊大学拿到学士学位和博士学位。他还获得了宾夕法尼亚大学的理学硕士学位和技术管理硕士学位。毕业之后史雷受聘于美国顶尖的研究机构，在哈佛医学院马萨诸塞总医院全球最大的生物医药研究项目，做免疫学动物建模和传染病研究，之后离开学院加入企业，在强生公司研究支架蛋白。

史博士的妻子是北京人，在化工业巨头杜邦公司有一份快速上升的事业。两人组建家庭,在美国生活了20年,实现了美国梦:买了大房子,添丁加口,事业有成。尽管有了如此成就,史博士和妻子却开始按捺不住,想要回国。

他在锐意找到了回国的机会。这家初创公司获得了六家风险投资公司的支持,5AM Ventures, Versant Ventures, Apposite Capital,葛兰素史克旗下的风投SR One, Arvis SA,以及默克雪兰诺风投。锐意于2014年3月B轮投资中募得1500万美元。锐意在单克隆抗体和生物化学领域进行开创性的研究,包括生物疗法用途的以G蛋白偶联受体为靶向的单克隆抗体。史博士组建了中国团队,研发针对例如癌症这类难以治愈疾病的可注射药物。

史博士指着他办公室旁空荡荡的办公室。他的邻居也是一家生物科技公司,发展太快,刚刚搬往隔壁一条街的另一幢高层办公楼。锐意也在招聘人手,扩增办公面积。史博士盯着空荡荡的办公室,好像在想什么时候他也得搬去自己的大楼。

我问史博士,中国的研究环境如何,中国研究员的整体创新能力如何。"整体说来中国的创新不如美国的好,"他承认,"但是肯定一天比一天好,无论是学术科研还是投入生产。中国在创新和技术两方面都追赶得很快,比如生物科技行业最热门的领域抗体偶联药物(ADC),中国公司的ADC正在跨越式发展。"

史博士说话的时候,整个人都散发出积极乐观的光彩。他精力充沛、乐观,相信万事皆有可能,这是一个无坚不摧的创业者所拥有的精神。作为一名生物科技领域的中国研究者,史博士具有如此乐观的展望,令我感到意外。我原以为他会比较悲观。

过去人们不认为中国是个科学创新大国。彭博社专栏作家威廉·

皮赛克这样的评论家断言,中国政府监管过于严苛且中国的互联网还不够活跃,两者阻碍了中国的发展。维韦克·瓦德瓦是奇点大学学术与创新部的副主席,他在2013年11月写给领英的一篇影响者文章里断言,中国“政府的作为阻碍了创新,而不是扶植了创新”。目前锐意的研究能力之强看起来证明了皮赛克和瓦德瓦的论断不实。我想知道史博士是否同意他们的假设,认为是政府阻挡了创新之路。

“实际上政府不是拖累生物科技创新的问题所在,”他说。事实上,他进一步解释,政府在这个行业“积极推动创新,包括对发放研究经费并允许企业使用相关仪器设备给予了财政支持和补贴”。

他在椅子上靠了一会儿,然后说:“很重要的一点是他们也让私营企业与学术团体建立合作意向,这敞开了所有的机遇。”

生物科技研究受到最强有力部门的支持。举个例子,史博士指出,新成立的上海科技大学由前国家主席江泽民的儿子江绵恒主持。这所大学的愿景是成为中国的加州理工学院。各种资源不断投入这所大学,为它的研究发展创造有利条件。

锐意在加利福尼亚之外选择了在上海开设分部,其中一个原因恰恰就是中国的环境太好了,而美国的环境正在变差。史博士进一步解释,“奥巴马政府削减预算,减少了科研资金”,而中国刚好相反。“机会非常好,有那么多中国科学家从海外回国,政府又给予了强有力的支持。”例如无锡制药科技和维亚生物科技这样的合同研究组织(CRO)蓬勃发展。大型制药企业,例如辉瑞、默沙东、阿斯利康、诺华制药、基因泰克和千年制药公司,将研发项目外包给这些CRO。这些CRO也非常重要,因为它们为研究员提供了由前辈提供现场指导的在岗学习机会,提升了劳动者的知识与技能水平。

在史博士看来,阻碍生物科技行业真正创新的主要障碍不在于政府监管,更不在于缺乏人才,而在于缺少资金支持。与信息技术领域的早期发展阶段一样——也许更加明显——医疗保健与生物技术的投资者对容易获利的商业模式青睐有加,更偏向于赚快钱的机会。这等于说低垂的果实那一套在中国的医疗保健行业再次上演。而这个领域好摘的果实到处都是,因为有大把价格低廉且质量过得去的医疗器械与仿制药的机会可以加以利用。

关键的问题在于投资者本身的背景,史博士说:“中国许多投资者很聪明,但他们不懂生物科技。他们往往具有从商或从政的背景,而不是科研背景。只有搞科研的人才真正懂得研究的真谛。”在美国和欧洲的情况很不一样,因为他们的投资人往往都有科研背景。他说:“他们了解我们在做什么,开董事会的时候也能给我们很好的建议。但是中国的大多数投资者并不懂真正的研究是什么。”

他停顿了一下,然后说:“尽管有这些挑战,中国离创新并不遥远,情况正越来越好。政府也在帮助激励创新,而不是妨害创新。”

中国传统的医疗保健领域与美国和欧洲的不同,正在面临创新的分裂。虽然生物技术像史博士概括的那样正在见证创新,但医保市场需要的是更基本的东西。

基本的医疗体系会涵盖更多人群,这也被视为中国新增长模式的一项必要元素,让消费占到中国经济增长更高的比例。如果没有更好的医疗保障,老百姓的安全感不足,不能放心地消费。

有一个关键的原因迫使中国人的消费意愿不足,就是缺乏一张社会安全网。许多社会保障服务在1980年代的改革开放过程中被取消了。改革开放砸破了铁饭碗,国家不再包办就业、住房、收入和医疗等方面的福利。

许多中国人没有足够的医疗保险，有许多老百姓看不起病。人们不得不为了以防万一而存钱，家里有一个人生病，全家人都要凑钱为他治病。CMR的调研发现，50岁以上的受访者会把超过60%的薪水存起来，因为担心今后看不起病。

为了处理这些问题，政府推出并实施了一系列措施，让职工获得更好的医疗保障。截至2011年，约95%的中国人——大概12亿——拥有基本的医疗保障，比起2003年只有30%的情况进步了不少。政府在各级城市与农村新开了许多医院和诊所，也允许私人投资者开办医院。这样一来，非国有的医院实体第一次拥有了充裕的机会，因而许多资本家，例如愈奇风投的梅可洛，非常热衷于投资私营医院。

医疗保健领域的创新还十分有限，因为预算被花在了满足基本需求上，低垂的果实太多了。正如新开了许多基层医院，政府也取消了许多检查项目的价格限制，医保方面的预算被用于购买基础的仪器设备，比如X光检查和超声检查仪。

以前政府采购的是全世界最好最新的医疗器械——往往是最高端的CT扫描仪和PET扫描仪。这些仪器的制造商也都是大名鼎鼎的公司——通用、西门子和飞利浦——以此显示中国的医院有多么先进，但现在这种情况已经转变。眼下的关键任务是普及医疗保障，而不是让大医院锦上添花。

与反腐行动同期而行的是采购流程的改变。由当地卫生部门官员和医院相关领导组成的委员会，着手处理市一级或县一级多家医院的采购事宜，采用一次性批量采购的方法谈下更实惠的价格，订单数额庞大，极其繁多，例如包括体征监测仪，血液分析仪以及超声检查仪。

资金投入流向国内公司，例如迈瑞医疗国际有限公司，深圳理邦精密仪器有限公司，广东宝莱特医用科技有限公司以及华润万东医疗器械股份有限公司。这样一来缩小了国内公司与通用、飞利浦等外国对手之间的差距。这些中国公司更重视生产质量上过得去的产品，即抓紧眼前低垂的果实，而非专注于真正的创新。这种着眼基本需求的策略非常有效。上海天坛普华医院的医生李在善博士这样告诉我，中国医疗器械公司的低端产品和西方公司的一样好，但是更便宜，而高端设备也正在赶上西方公司的水平。西方企业的产品价格高，分销渠道薄弱，在政府采购过程中屡屡出局。真正的机会留给了中国企业和向中国企业投资的那些外国资本。

我了解病痛。上高中的时候，因为运动损伤背部做了手术，我必须整整一年穿戴绷带夹板。我的学校买了乐至宝牌活动躺椅，放在我去的每一间教室，让我在上课的时候可以躺坐，因为我很难坐直。拆掉绷带夹板之后，情况还过得去，就这样过了好几年。然而在25岁刚刚要度完蜜月的那一天，我走在香港浅水湾的大街上，突然听到踝关节咔嚓一声。我无法走动两步以上，感到钻心的疼痛。

接下来的五年里，我必须拄拐杖才能走动，在中国巨大的机场里，我从值机柜台经过乘机通道的时候需要坐轮椅，因为没办法走到登机口。疼痛与行动不便深深影响了我看待世界的眼光——开始同情那些没有医疗保障的中国穷人，开始考虑在我行动不便的时候使用网上购物或在线娱乐，让生活更方便一点。

我看了38位医生，习惯了中国的医院，这些医院对老百姓来说不太让人愉快。如果没钱挂特需号，或者没有熟人能帮你不用排队直接看病，那么你就不得不拿号之后排好几个小时的队才能看上病。诊疗室往往塞满了十几个病人，根本不存在隐私这回事。最好的医院里那些精疲力竭、焦头烂额的医生有太多的病人需要诊断，他们在每个病人身上花的时间往往不到一分钟。

除了亲友介绍给我们的医生，或是我自己掏钱挂特需号看的医生以外，我当时不相信中国医院的医生。如果不是熟人介绍的，医生们似乎永远都会让我做检查——即使别的医生已经让我做过同样的检查——或是会开一大堆药。有一次我手腕戴手表的地方起了点小疹子，医生就给我开了200美元的药，而这点小问题其实只要涂一点皮质醇软膏，或者过几天自己就会消掉。

还好我有医疗保险帮我报销这些看病的花费。但是几乎每个星期去看病的经历，让我近距离观察到医疗行业无孔不入的腐败和老百姓的遭罪。

刘莉莉是一位来自安徽的24岁的贫困女性，一个月挣150美元，2013年的时候她告诉我："中国的穷人得不起病。我们没有保险，也不相信医生。"莉莉花很多时间锻炼身体，吃蔬菜，以提高免疫力来减少看病的次数。

另一位年轻的女性茉莉告诉我，一家当地医院的医生有一次告诉她，做一次简单的检查得花掉相当于她半年的收入，但如果不做检查，她可能以后永远怀不上孩子。她有一个朋友是外国人，劝她去一家西方公司经营的诊所，再多听听其他意见。"外国医生告诉我问题不大，会自行痊愈，一个星期后真的没事了。谢天谢地，我没有听中国医生的话，花冤枉钱。"

过去好几年发生了一系列愤怒的病人袭击医生的事件。中国医院协会发现，2012年平均每家中国医院发生27.3起暴力袭医事件,比2008年20.6的数据高出不少。2013年全国此类事件超过20000起。

比如2013年3月23日,在中国东北城市哈尔滨,一名患者用刀捅了四名医院工作人员,造成一人死亡,起因是他抱怨没有得到及时的治疗。暴力袭击医生事出有因。尽管我无法容忍这些袭击医生的行为,但我能理解甚至同情大多数袭医者的委屈。我采访了许多中国低收入的消费者,问他们有关医保的情况,一次又一次,我听到他们同样的无助感以及对医疗体制的愤怒。许多普通人憎恨医生,认为医生乱开药,建议病人做不必要的手术以获得回扣,增加收入。

问题的一部分原因是医生的酬劳很低,许多医生一个月还挣不到800美元,即便在大城市也是如此。医生们感到他们必须靠回扣和收受贿赂才能维系生计。2002年一位天津的脑外科医生告诉我他挣得太少了,必须收受贿赂才能支付得起基本的生活开销。

2011年,我采访了何先生,一位心脏支架分销商。他毫不遮掩地告诉我:"当然我得给医生和医院的采购主管塞钱。如果不塞钱,他们绝对不会买我的产品。"许多跨国医药公司和医疗器械公司为了逃避本国法律的监管,例如美国的《反海外腐败法》或欧洲国家类似的法律而与中国本地的分销商进行合作。这些分销商往往是医院行政管理人员的亲戚,对于监管采用一种你不问我就不说的策略。这些公司跟代理商和转销商以及终端买家说他们不能行贿,然后故意对腐败行为视而不见。

2013年,中国政府开始调查英国制药巨头葛兰素史克向医生行贿数百万美元的事件。许多分析师,例如公关公司安可顾问中国区主管詹姆斯·麦克格雷戈都对此持相同的看法。比如说麦克格雷戈在接受BBC采访的时候称,政府针对葛兰素史克的调查主要是为了让外国公司看看“到底谁说了算”。麦克格雷戈武断地宣称,政府的行为会让外企们“非常恐慌”,但事实并非如此。如果你透过表面现象再深挖一点,会了解到习主席领导下的中央政府如何将其视为对中国老百姓的责任。

维护人民的利益才是打击医疗行业腐败的背后动因——而不是保护主义或者展示权威。腐败导致了恶劣的医疗条件,造成就医费用飙升,普通老百姓负担不起。为了让医疗体系更公平,中国政府的调查不仅针对葛兰素史克,还包括许多中国企业和医疗从业人员。不断有中国医生因为收受贿赂而被逮捕。

习主席领导下的打击腐败行动初见成效。2013 年在北京有人告诉我,他试图给一个医生红包,以确保医生给他母亲做手术的时候不会故意怠慢,但是被回绝了。医生跟他说,她不会再收红包,因为她担心会被起诉或逮捕。一开始那个人很担心医生会对他母亲不上心,因为没有从他那里收红包,但他发现,这位女医生真的谁的红包都不收。他觉得反腐不错,也很有必要,因为这个体系太不公平,也太腐败。

反腐以及对医疗行业的整体改革也意味着这个行业仍然有低垂的果实可以采摘。采购流程的腐败让那些认为不给医生塞钱就没有销路的公司钻了空子。反腐的结果是,那些除了行贿之外没有竞争力的灰色公司被淘汰,而产品质量高、性价比也高的公司能获得更多的市场份额,让市场效率更高。

政府投入的重点也从名牌大医院转向较小的地方医院,结果就是政府不再投入经费买最贵最先进的设备。就像上海天坛普华医院的李医生采购的那样,往往是很有前途的国产品牌的产品。这样一来中国的公司,例如宝莱特和理邦这类提供经济适用型体征监测器和生命支持设备的公司业绩斐然。许多投资人盯着医疗产业的低垂果实,而不重视为生物科技领域的真正创新而投资。

源源不断的低垂果实阻碍了生物科技与医疗保健行业创新的进程,包括从创新项目手里夺走了资源,并且中国缺乏由了解创新的研究者、创业者和了解研究真谛并愿意投资的金融家所构成的生态环境。但是和史博士所展望的一样,随着越来越多的中国人从海外归来进行研究,越来越多的 CRO 蓬勃发展提供了在岗现场培训的机会,这种生态环境正在得以发展起来。

布莱特·塔克,贝雅私募股权投资公司管理合伙人

布莱特·塔克(Brett Tucker)是宾夕法尼亚大学的毕业生,在沃顿商学院和劳德学院获得学士学位、硕士学位和工商管理硕士学位。在过去的 18 年里,他一直在中国做生意,其中有 11 年生活在上海。2003 年他开办了贝雅在中国的第一个办公室,以协助其在美国和欧洲的投资组合公司的运营。2007 年他与合伙人顾华明共同创立了贝雅的中国投资业务,为公司规划策略,募集资金,招聘团队成员。他在中国投资了 11 个项目,头两个已经完成了退出(一个卖出,一个 IPO)。

雷小山:贝雅在医疗保健行业与消费品行业进行了大量投资。你认为下一个十年里哪些是最佳的成长机会?

塔　克:根本上说,我们在这两个行业的投资主旨背后都有一样积极的宏观趋势——中国中产阶级的收入上升,他们的期望更高——而我们也总要确保我们投资组合里的公司或多或少

涵盖这些因素。显而易见中国消费者需要质量更高,创新性更强的消费产品。但是有一点没有那么明显,随着中国消费者的收入水平提高,他们更需要而且能够负担医保之外的开销来享受更高质量的医疗服务。中国医疗费用当中较高的自费比例很好地体现了这一点。在中国,大约40%的医疗费用是患者自费支付的,而西方国家的比例相比要低许多。病人及其家属非常了解质量更高的医疗产品和服务能带来哪些好处,而且有好几千万人能负担得起更好的药品、设备或检查流程。甚至在我们投资的诊断公司里可以看到,他们会自费去做更复杂的检查。

但是,无论投资医疗保健还是消费品,我们都已经有了成功的配方,就是采用世界上其他地方已经证明行之有效的商业模式。没有必要在中国重新创造一个模式来赚取可观的回报。找到一个已经证明有效的商业模式,然后组建一个指导如何把这个模式搬到中国并调整使之适应中国市场的管理团队。在中国真正地创造一个新的模式能带来更高的回报,就跟我们在中国互联网与社交网络看到的情况一样。但是这种方法也会带来更高的风险,因此这取决于你的投资需求,照搬一个已经成功的模式到中国来也能产生可观的、风险可控的回报。

雷小山:请举例介绍你在医疗保健行业的投资,并谈谈你投资的根本原因。

塔　克:我们在中国最早投了三个医疗保健项目,第一个是一家叫做方达的CRO,这个项目我们已经退出了。第二个是叫做康圣环球的检验实验室,是中国高端医学专科特检服务市场中的一家领头羊。这家公司还在成长,有很大的发展空间。

第三项投资是总部在上海的柯渡医疗集团,这是一家领先的医院医疗设备维护与零配件独立供应商。这家公司的管理团队才华横溢,经验丰富,许多管理层成员是从通用医疗跳槽过来的。这个团队也是世界上几家最大的设备制造商信赖的伙伴。柯渡是市场领导者,有很大的规模。柯渡也有可观的经常性收入模式。柯渡希望能借助我们贝雅资本在美国和欧洲的海外业务关系,将这家公司介绍给更多在中国本土运营并需要柯渡这样的商业伙伴的设备制造商。

我们偏好的投资方式是找到一个成长可观的市场领导者,用我们的资本和国际资源帮它更快地成长。柯渡就是这种方式一个很好的例子。中国的私募市场竞争太激烈,所以如果我们没有突出的优势,比如拥有这些国际资源,我们很可能干不出成绩。

雷小山:中国去海外进行医疗旅游的市场,例如韩国和泰国,有什么商机?

塔　克:这个市场也是一个很好的例子,说明投资医疗保健行业的机会与更高的收入和更高的期待直接相关。我知道几个投资机构正在寻找或正在投资这种医疗或手术旅游项目。许多人认为出国医疗或做手术的需求今后一定会回流到国内。但总会有一部分市场需求要把医疗与出国旅行结合起来,这是一种不同的服务。中国人出国旅游显然是今后20年的趋势,能带来商机。

雷小山:政府设立了目标,让中国的老百姓享有更好的医疗保健,有哪些因素阻碍了这一目标的进程,又有哪些机遇正在出现?

塔　克:总体来说,让老百姓享有更普遍的基本医疗这个目标，要优先于提高医疗质量让付得起更多钱的广大中产阶级享有他们需要的更好的医疗服务。这两种就医的通路，即让更多人看得起病和让富人享有更高的医疗质量都很有必要。我的感觉是中国政府将继续把普通老百姓的需求放在第一位，而不是像奥巴马政府那样。而且在中国也会干得更好，取得进展。普通老百姓的就医普及率的瓶颈不在于金钱或政府的决心，也不在与缺乏设备——这些硬件都有——而在于软件方面，也就是说缺乏大量训练有素的医生、护士和医院管理层。只有他们才能有效地吸纳消化政府的投资机会，并把投资转化为高质量的就医体验。我说不清碰到过多少次这种情况，我在中国的医院和管理人员或医生见面的时候，他们都很自豪，向我们展示他们最新引进的昂贵而尖端的医院设备。然后我们去看陈放设备的诊疗室。设备要么还在箱子里未开封，要么放在一边积了灰，因为没有人知道怎么操作。

但也许对于私营领域来说，比提高老百姓就医普及率更有吸引力的投资机会，是为崛起的中产阶级的需求而提高医疗品质。正是因为许多中产阶级的就医体验很差，与我的家人在中国良好的就医体验之间存在着巨大的差距，才造就了不可思议的机遇。我相信私营医院将缩小这种差距，而政府将致力于增加老百姓就医的机会。中国大城市的中产阶级已经对恶劣的就医体验忍无可忍。他们知道好的体验应该是什么样子的，他们也出得起这个钱，为更好的体验买单。国有医疗体系不会解决这个问题，所以我们也试图找到能解决这个问题的有创造性的公司，因为中国的中产阶级需要，也值得拥有更好的医疗服务。

雷小山:你如何描述每天在中国投资和运营一线工作的感觉?

塔　克:在中国投资非常有挑战性,有时候跳出这个圈子看,是我们让这件事看起来比它本身简单得多。我经常开玩笑说我们收取的费用和获得的补偿应该像体操比赛打分那样,要算表现分,也要算难度分。到目前为止,我的投资人里没有人同意我的看法,他们只是跟我说去干活儿吧,但我会继续试图说服他们。

我也常常感到好像是手里拿着八根长棍子,每根棍子上顶着碟子转。在这里做生意需要时间、耐心和坚持——平均算起来,从我们见一个项目持有人一直到完成交易需要14个月的时间。所以你不得不一次同时转很多个碟子以确保用合理的节奏部署资本。当有一个项目摇摆不定时,你得再推一下,让它不停运转,如果你真的喜欢这个项目并希望完成交易。

经济适用型产品

医院——以及卫生部——为了打击腐败,确保低收入人群获得更好的医疗保障,正在改变预算开销的模式。政府担心医疗费用过高,看病得不到保障会引起社会不稳定,允许开办更多的私营医院,并放开医疗价格的限制。政府也在推动小城市里区一级的医院治疗一些小病,给它们开绿灯,以缓解那些大医院里拥挤不堪的情况。

与上海这样的一线城市里拥有顶级设备的大医院不同,基层医院购买国产品牌经济适用的医疗设备和仪器。他们也可能会提高挂号费，但是会少开一些药。

关键行动项目：医疗费用会增加，但是预期预算会流向生产经济适用型产品的中国公司。长期以来占主导地位的中国和外国公司，可能需要收购更便宜的品牌或者发布新的更经济的品牌以稳固市场份额，而不要让主力品牌降价损害其价值。

崛起的医疗旅游业

韩国、新加坡和泰国已经成为中国人出国医疗旅游的主要目的地。因为大多数中国人没有大额医疗保险，许多看病的费用是自费的，所以他们比美国人更愿意出国看病，因为美国人经常固定去特定地区的特定医生群体那里看病。

整形的热衷去韩国，保留脐带血则去新加坡，而治疗癌症和其他较为严重疾病的会去美国。有点儿肤浅的是，消费者往往基于他们在电视剧里看到哪里专业而决定去哪里看病。韩剧里的男女演员基本符合中国人对帅哥美女的定义，这也是中国消费者愿意去韩国整形的一个重要原因。同理，许多中国人从乔治·克鲁尼和《急症室的故事》，以及《实习医生格雷》剧集里了解美国的医疗系统，所以碰到生死攸关的疾病，他们想去美国治疗。

关键行动：以日益富裕的中国消费者为目标人群，他们想要出国医疗，认为国外有些国家的医疗水平比中国的要强。对外国产品和药品的信赖度更高，因为他们担心医疗保健行业里有假冒伪劣的产品，而且护理服务水平也达不到标准。在热门电影或电视剧集里植入产品能在中国更有效地拉动销量，在美国这种广告效应对消费者的影响力没那么大。

保健品和中国的中老年人

许多中国人因为担心看病花销太高,试图通过消费保健品来提高免疫力,减少看病的次数。他们也担心西药有副作用。中国的中老年人往往更加相信传统的中医药或是西方的保健品,而不是西药。这种情况也给改善关节炎的保健品,氨基酸营养品以及提高免疫力的非处方保健品带来巨大的机会。

关键行动项目:以中国老龄化人群为主要目标消费群,为他们提供根植于传统中医药的营养补充剂。如今退休人员的可支配收入不多,因为他们大部分人错过了过去 30 年经济改革的机遇。但是因为家庭关系紧密,退休人群往往和他们的孩子生活在一起,孩子们大约三四十岁,会为自己的父母买保健品。如今四十几岁的人也会给自己买保健品。

第四章

创新曲线第三阶段：为世界创新

稻田之间,一座巨大的椭圆形玻璃水泥建筑拔地而起,在远处白沙碧海的映衬下,像是外星人的飞船。我朝这幢大楼走去。阳光射下来,微风轻摇路旁的棕榈树。我在三亚海棠湾,这是海南岛最主要的旅游度假城市,素有中国夏威夷之称。我不记得以前在中国任何地方呼吸的空气能像这里这么清新,我一边走路,一边长长地深深呼吸这里的空气。

大楼是一座医院,是北京著名的解放军 301 医院海南分院。我走进大楼的时候,听到带着非常有特色的儿化音的北京方言在空荡荡的大厅和走廊里回响。在离首都好几千英里的地方,这样的闲聊声和这幢大楼一样显得格格不入。我走进一间检查室,因为有点咳嗽,要看彭医生,他正等着我。彭医生三十八九岁,圆脸,微微有些中年发福。他开始说话,也带着那种很浓的北京儿化音。

彭医生告诉我,这家医院的大部分医生都是北京来的,他们被迫搬到海南轮岗两年。他平时见不到有几个病人来。这家医院和我所有去过的中国公立医院都不一样,看医生的等待时间不超过五分钟。

彭医生告诉我:“老实说,我不想来这儿,但是医院强迫我们都到这里来。他们需要一家好医院来建设这个地区。”

在前不着村后不着店的地方建立一个主要项目以刺激一个城市

新区域的增长，这种手段很普遍，在中国，政府用这样的方式来发展建设。通常，政府会把市中心的医院、大学或一家国企总部搬到新区，或者新建这些设施，以拉动投资促进增长。

五年到十年的时间里，政府会慢慢地推动其他项目：超市、幼儿园、写字楼。慢慢地，一个社区开始形成。一时间，西方的新闻摄制组，比如《60 分钟》来到这些新区采访，拍下空荡荡的街道和空无一人的大楼，然后在画外音里迫不及待地宣称这就是中国经济即将崩溃的预兆。一些报道被病毒式传播，在西方的新闻博客和 YouTube 上被广泛转发分享，评论众多。著名的空头投资者吉姆·查诺斯也看到了这些迹象，以那些看起来空荡荡的城市，例如云南省会昆明郊区的呈贡市来作为例子，认为这是比“迪拜还要严重一千倍”的灾难的领头羊。

事实上，这些地方很多是五年到十年计划实施的一部分。许多这些所谓的鬼城——包括呈贡——现在变成了繁华的城市。

有一座城市被《华尔街时报》描述为鬼城，2014 年，我问这个城市里一家主要的房地产开发商如何回应《华尔街时报》的文章，他告诉我：“这座城市现在当然是空的。这是五年计划的一部分。2014 年底，有一家国企的租约到期，会搬过来，在此之前这里肯定是空的。城市规划是打算慢慢地充实起来，接下来的五年里每年往前推 20%。如果这座城市到 2020 年还是空的，那才是有问题的。”西方媒体指出许多地方都是鬼城，但其中只有内蒙古的鄂尔多斯现在还是鬼城。其他所谓的鬼城，慢慢都有人口增长。

解放军 301 医院海南分院是三亚海棠湾第一批启动的项目之一。在离开医院车程几分钟的地方，修建了 35 家五星级酒店，包括康莱德和威斯汀，这是吸引境内旅游的计划的一部分，此外还有高端住房项目以及私人游艇俱乐部。如果政府强制要求退休官员和军队首长到这里来看病,我也不会觉得意外。因为他们的医保是政府买单的,政府也可能要求他们来海南看病,帮助刺激这个区域的增长。

建设核心项目以推动开发一个区域,是中国的地方政府一种常见的规划方式。我回想起 1990 年代第一次看到浦东的时候,在上海黄浦江东侧巨大的区域里,只有大片的沼泽地。

为了发展浦东新区,政府首先在 1994 年造起东方明珠电视塔,然后在 1990 年代末,金茂集团盖起了佛塔状的 88 层金茂大厦,这也是当时最高的建筑。即使当时的中国总理朱镕基说服了泰国首富谢国民建造了正大广场之后,那块地方还是空了好多年。分析师们冷嘲热讽,说发展浦东是花钱买罪受。

"没有人会愿意在那里工作或生活,"一位持怀疑态度的意大利投资者 2003 年的时候告诉我,"产能过剩太严重了。"但是浦西的交通堵塞越来越严重,房租高涨,到了难以承受的地步,而浦东的基础设施比如地铁开始改善,很快,像摩根斯坦利、杜邦和谷歌这样的公司就把办公室迁到浦东了。

浦东金桥地区的政府开发了适宜外国人居住的小区,宽阔的道路两旁绿树成荫,让人想起美国的郊区。他们增加了国际学校,例如港资的耀中国际学校,采用英式教学体系的德威英国国际学校,以及美式的协和国际学校。他们还推动法国零售商家乐福多开了几家分店。国有中医医院曙光医院也从浦西时髦的新天地商圈搬到浦东的张江高科工业园,离史雷博士的办公室不远。

当地政府建起上海最大的机场,也批准建造中国最高的写字楼,还建造了世界上最快的磁悬浮列车,从浦东机场开到世纪公园只需要七分钟。十年后,政府在这个地方批准建造迪士尼乐园度假区和一个新的自由贸易区。

如今,浦东的发展远不是一个累赘。浦东有520万居民,世界上最昂贵的地产项目有几个也在这里。类似的五年到十年发展计划在全国各地都在推行。比如说天津的滨海新区,政府在那里建造新的办公商务区,并与著名的表演艺术学院美国茱莉亚艺术学院合作,在滨海新区开设了一个校区。

彭医生和他的同事们的诊疗很不错,与我在美国医院体验到的医疗水准一样。离开医院的时候我决定看看医院周围是什么样子。环境很漂亮,有延绵的天然沙滩海岸。沙滩的边缘伫立着高高的林木,政府也严禁项目建设离沙滩太近,以确保不会毁掉海滩的风景。

当天晚些时候,我决定看看附近正在建造的新小区。这里空气清新,有海,附近还有医院。我给妻子发了一条语音微信,说将来有一天这里可能是个养老的好地方。

“先造好,人会来”的经济发展模式在中国取得了巨大的成功,以至于这不断阻碍了创新发展。

对于中国的政府官员来说,鼓励新城市和新郊区用十年的时间发展是个简单易行的规划方式。他们找到几个自己信赖的大型房地产开发商,往往是国有企业来启动项目(就像浦东新区找的金茂集团一样)。国有银行提供低息贷款。开发商建造地铁、铁路以及其他将新区和中心城区连接起来所需要的交通设施,并强制国有企业把核心办公区搬到新区来。这个庞大的项目很容易操控,确保哪一期项目什么时候开始,什么措施如何推行就可以了。重要的是,这些大规模的项目征税很容易,并能提供许多就业机会。

对于官员来说,转向以创新为基础的经济发展模式更难理解,更难把握连续增长。从税收和预计增长难度的层面看，一下子监管成百上千的初创企业比只监管几家大型的国有企业要困难得多。一个积极支持创新的经济体意味着对官僚主义的制约更多。对于一个官员来说，如果他或她批准了一家企业经营，结果发现这家企业在政治上靠不住，那对这个官员来说风险就很大。

地方政府越来越依赖简单易行的监管和税收模式，把精力集中在大量投资和大型的基础建设项目，比如机场和铁路。如果当地的GDP增长放缓，他们只需要命令银行给受到他们政策倾斜的开发商再多放一些贷款。这也解释了为什么地方政府债务高企已经到了危险的程度，必须依靠出让土地维持税收。

如果对于金融家来说有时候都很难理解创新并愿意冒险支持创新，那么要让地方政府官员理解创新并赢得他们的支持就更难了，因为他们往往更精于官场政治，而对具体的经济发展业务不那么在行。过去的30年，对政府官员业绩的评价（以及他们擢升的机会）有很大一部分是基于GDP增长的数据。官员们不希望冒风险，因为风险可能会危及他们升官的机会，甚至带来更严重的后果，如果他们支持的创新类型被证明不对，会显得他们无能。

扩建一个上海这样的一线城市或者像海棠湾这样的风景度假区，比在一些体量较小的城市里搞建设要更具备可持续性。政府在有些市场面临产能过剩的风险，需要确保买家和公司搬进较新的地产项目，否则这些发展项目将会变成鬼城。

除了不主动支持创新的官僚体制之外，我还想了解更多对中国未来创新产生机遇和挑战的原因。我想要找到一个眼界开阔的人，这个人在大型企业里有管理经验，也在不同领域里投资过。

我问了许多优秀的商界人士应该采访谁——不断有人提起一个

名字,卫哲,阿里巴巴 B2B 平台公司的前任 CEO,目前运营私募股权投资公司嘉御资本。嘉御资本的一位有限合伙人告诉我:"卫哲管理的基金在过去五年里有全亚洲最高的回报率,他是中国最有头脑的投资者之一。"

虽然未见其人,卫哲的投资实力和他创立阿里巴巴的经历给我留下深刻的印象。2014 年一个春日,我安排了和卫哲见面,地点在浦东世纪公园附近嘉里中心的嘉御资本的办公室。

我在去卫哲办公室的路上堵车了,迟到了 40 分钟。堵车的时候我给他的助手反复打电话,她很友好地表示不要着急。但是我担心像他这个位置上的人会非常忙,不会等我,或者会因为我迟到而感到被怠慢。过去,我发现许多中国最成功的生意人和政府官员很容易感到被怠慢,如果晚餐安排的座位不对或是做了一些他们认为丢脸的事情,而卫哲是中国最成功的生意人和投资者之一。

2012 年卫哲离开阿里巴巴之后,前老板马云成为卫哲 2.5 亿美元基金的第一位投资人。亚洲首富李嘉诚的儿子李泽楷也是卫哲基金最早的投资人之一。短短两年,嘉御投了十家公司,有三家完成了退出,其中包括将智能手机应用程序分销平台 91 无线以 19 亿美元的价格出售给百度。到我和他见面的时候,他已经募集了第二支基金,总值 5.5 亿美元。

但是当我走进卫哲的办公室的时候,我意识到本不该感到担心。他亲切,通情达理,站起来告诉我不用担心的时候几乎像王子一样风度翩翩。他微笑着说,"欢迎",然后示意我坐到白色的长绒沙发上。他的办公室有一种温暖得几乎像家一样的氛围,等候区看起来像客厅一样。沙发旁边的桌子上放着一碟糖果,与我在中国去过的大多数私募基金办公室那种满是玻璃和金属的冷峻、洁癖、现代的环境形成了鲜明对比。卫哲说他想要每位访客都感觉宾至如归。

卫哲一开口说话我就发现,他也有我在其他创业者那里看到的那种火花,和土豆的王微一样。卫哲很自信,取得了巨大的成功,但又很谦和。这位上海外国语大学和伦敦商学院的毕业生了解他擅长什么,但也许更重要的是,他了解自己不擅长什么。

他解释说他的公司关注互联网、电子商务以及互联网驱动的B2B服务,因为他和他的合伙人在这方面有所专长。他说虽然他也看好其他行业——比如说医疗保健行业也很吸引人——但他承认目前不会投资这些行业,因为这些领域不在他目前团队的专业范围之内。

我发现许多中国的投资人似乎不肯放过任何一个好点子,哪怕他们对这个领域知之甚少,但卫哲和他们不一样,他一心一意,专心致志。他看起来无论做什么都经过深思熟虑,有条有理,无论是把办公室装修得让人感到像家一样,还是把基金做得和别人的不一样,抑或是制定他的投资策略。我喝了一口咖啡,卫哲接下来跟我说他如何把他的公司和其他人的公司区分开——他把贝恩咨询和贝恩资本的方法结合起来,采取一种他称之为"免费增值"的模式。卫哲和他的同事都是他们领域的专家,就像贝恩那样的咨询公司,把潜在的投资组合公司(被投公司)作为客户一样,为他们的增长提供咨询建议——这是免费的部分。而增值的部分在于,作为对他团队的咨询建议的回报,这些潜在的被投公司让嘉御获得独家投资的机会,或是让嘉御拿到的投资价格比其他风投公司给出的估值更低。

换句话说,卫哲把自己定位为聪明的投资人——他不会到处投钱,而是实实在在地帮助一家公司创立成长,然后为他自己和他的有限合伙人从这笔交易里得到甜头，他就是这么做的。我在中国观察到有许多私募基金说得天花乱坠但很少付诸于行动。他们把钱投进去，但是往往撒手不管，因为投资人没有什么运营项目的经验，而且其投资银行的理念根深蒂固，以撮合交易为主。卫哲和他的同事们与这些私募公司不一样——他们亲历亲为，自己上手，帮助被投企业成长。

卫哲开始跟我解释他对"互联网精神"的看法，这是他投资主题的核心。卫哲首先告诉我他如何分类中国的消费者，他的分类方法与许多人定义目标客户的办法很不一样。他不是通过年龄或地域这些标准来把消费者划分成不同类别，而是把所有人分成两拨，一拨是1985年前出生的，而他只关注1985年后出生的那一拨。他投资的所有公司都以85后为目标用户，只管85后，不管其他人。

"以我的经验，在中国1980年前出生的人不是真正的互联网人群，"他说。我问他什么意思——毕竟，不是有几千万1985年前出生的人也在每天上网吗？他摇摇头说："真正的互联网人群是1985年后出生的人。2000年1月是中国互联网真正的开始。重要的互联网公司没有一家是那之前诞生的。那个时候，中国大约只有四五百万的互联网用户，而在美国已经有1.3亿网民。1980年和1985年之间出生的人，到2000年已经大学毕业。大多数人是在工作以后才开始使用互联网。"

我觉得到目前为止卫哲的分析挺有道理。他继续说："1985年后出生的人伴随着互联网长大。他们用互联网生活。他们上网购物，娱乐。中国年轻人不去超市买东西——他们要么去便利店，要么上网买。他们做什么都只需要点点鼠标。"而对于1985年前出生的人来说，很难说服他们改变固有的习惯，比如在实体店里购物。

卫哲总结他的理论说:“我们的投资策略是盯准85后的互联网行为,他们使用互联网的方式就是‘互联网精神’。”比如说,他投资的安卓手机应用平台91无线,能让消费者下载和使用最新的智能手机应用来玩游戏、使用社交网络和电子商务,换句话说,涵盖了现在年轻人娱乐与生活的日常所需部分。另一个例子是卫哲投资的金夫人婚纱摄影,是全中国最大的婚纱摄影连锁机构。85后开始步入婚龄,他们希望拍下婚礼的照片并在网上与朋友们分享。消费者往往花上好几个月的工资拍一套婚纱照,常常去一些有异域风情的地方旅行,就是为了拍照片。

卫哲这种集中精力专攻一个领域的方法有广泛的借鉴意义,有一点很关键:首先,公司和投资者需要真正地了解消费者,准确地细分市场,因为像许多分析师那样基于五年一个年龄段或地域或社会经济地位来细分消费群的方法在中国并不奏效。其次,生意人必须了解,在中国即使年龄只差几岁,消费者的期待和习惯也可能会截然不同。

我的手指开始疼了;笔记记得太快,因为卫哲的见解如此深刻,我不想错过任何一点。我问他怎么看待中国的创新发展历程。卫哲举例说,一开始中国企业山寨别人,然后进阶到开始为中国市场而创新,因为这是发展的必然阶段。当他在管理阿里巴巴的时候,市场上还有很多轻而易举就能赚钱的机会,而担心创新出来的知识产权被侵犯,许多企业被迫赚快钱。但是以他现在投资人的角度来看,中国市场已经发展到新的阶段,现在投资搞创新就有利可图。91无线就是这类投资的绝佳例子。

但是他说:“未来五年中国企业会走出下一步,为全世界的需求而创新。甚至从现在就已经开始了。”

他给我讲了一个故事,是他去伦敦与一些作为首相顾问的高级官员会面的经历。“他们问我的微信号是多少,”他说。卫哲说英国官员告诉他,有一位中国朋友让他们对微信着了迷,后来他们都天天使用微信。我在印度尼西亚甚至南非都听过类似的故事——中国人把微信介绍给外国朋友,然后外国人自己的圈子里都开始用微信了。

中国企业开始进入国际市场还有一个例子,就是卫哲投资的江南布衣,一个市场领先的设计师服饰品牌。卫哲告诉我,江南布衣本来专注于中国市场,但这个品牌现在进驻了巴黎的老佛爷百货和伦敦的塞尔福里奇百货。江南布衣还在纽约和东京开店,并推进新的设计,变成了一家业务遍及全球的品牌。

我问,持续创新面临了哪些挑战?卫哲说,有一个很大的挑战是管理高层因为缺乏知识产权保护和财产权保护而感到不安,所以他们会追求快速回报。比如说,店铺往往破败不堪而店主却不管不顾,因为他们担心政府会在城镇化的进程中拆掉店铺,而只给很少的赔偿金。如果店铺几年后就会被推平,为什么要花钱装修店铺呢?而如果投资搞研发,花销要上千万,这种心态就更显而易见了。

但是,卫哲说,市场正在变得成熟,而且对于创新的回报也越来越多,冒些风险是值得的。他指出把 91 无线卖给百度就是巨大的成功。“我们也可以上市,但是卖出的估值也挺高的。”

他说,互联网巨头之间愈演愈烈的竞争,比如他以前的公司阿里巴巴、百度和腾讯之间竞争日益激烈,也导致他的公司必须不断寻找更有创造性的公司,这样“对创业者和投资者都好”。监管环境也在改善,但是没有投资创新的潜在回报改善得那么快。

我问他当中国企业进入创新曲线的第三阶段,也就是为全球的需求而创新时,哪些领域最可能会有最好的机会。卫哲说他认为机会来自移动互联网领域,在这里成本会更低,创新的节奏会更快。在移动互联网领域,只需要四五位程序员就能构建出一些创新的东西。

他说满足了85后需求的中国移动互联网企业为这个领域带来了开创性的改变。这些蓬勃发展的创新项目包括微信以及一些购物网站。

“为什么中国企业在这个领域比美国企业更有优势?”这是我问卫哲的最后一个问题。他说大多数美国互联网用户最早是通过个人电脑开始接触互联网的,而在中国,许多互联网用户第一次上网使用的是移动设备。这与1990年代末期许多中国人跳过了座机而直接用上手机的情况类似。

中国最顶尖的互联网公司从一开始就有发展移动互联网的想法。这与许多美国公司,比如Facebook和Twitter把个人电脑上的界面照搬到移动设备上的做法很不一样,虽然这一区别不大,但是很关键。微信就是这种创新和冒险很好的一个例子。腾讯因为电脑对电脑的QQ通讯系统占据了市场主导地位,但是腾讯并没有把QQ照搬到手机上,而是打造了全新的产品微信。

卫哲说得很对——以前没有一家独大又有创造性的中国互联网公司。许多公司是一路山寨着走向成功的。现在通过创新能获得丰厚的回报,最新进入市场的企业就专注于移动设备。美国是科技创新的诞生地,个人电脑领域的巨头,例如微软,也正试图进入移动领域抓住机遇,但同时也需要在移动设备的新机遇和维持个人电脑领域的营收之间保持平衡。

正如目前已经概括的,在中国,创新面临着许多真实的挑战持续不断。我在为写这本书而做采访的过程中,还发现另外两个主要的障碍。

首先,许多受访人提到中国的教育体系太重视死记硬背,而不太关注创造性,这正阻碍了创新。大多数人看到教育系统正在改革,更强调课堂上有讨论的氛围,但是从这一步到支持产业发展需要的时间太长,无法在短期内有实质性的帮助。企业的管理层希望中国大学开设一些更能实际应用于现实生活的课程。不过,许多受访者说现在有那么多中国人在海外留学,而一些顶尖的学校,例如杜克大学和纽约大学也在中国开设分校,因此中国的顶尖人才有机会受到最好的创造性教育,然后回到中国把理论付诸实践。针对孩童的培优学校,例如周末的艺术课,也鼓励和增强着他们的创造力,弥补了官方教育体系的不足。

其次,缺乏对知识产权保护的执行力也是一个主要问题。许多受访人说投资给创新项目不值得,因为其他公司会窃取他们的知识产权,也得不到足够的法律保护。受访者说,通常法院宣判的结果不错,但是对剽窃者的惩戒轻微,司法机构对那些讨厌的侵权者的劝阻力度太小,而侵权者只需交一笔小额的罚款就行。法院也没有足够的执行力。创新往往出现在类似移动互联网的一些领域之中,因为这里不需要大量投资和长期的投资眼光。

尽管存在这些障碍,中国还是有许多世界上最有创造力的公司,例如腾讯和阿里巴巴。他们大体来说在创新曲线的第二阶段,专门为中国市场而创新。但是在今后的五到十年里,中国会进入创新曲线的第三阶段,开始重视为世界而创新。雄心勃勃的创业者看到了成为全球竞争者的机会,而投资者也看到了潜在的回报。

毕业于哈佛大学的曹嘉泰是戈壁风投的创始人,这家早期风险投资公司管理着五支基金。曹告诉我,随着中国创业者"开始挑战硅谷的初创企业地位,服务于全球受众,中国创新和技术的全球化将会是未来 20 年里最激动人心的投资机会”。

但是最可能参与并推动中国的创新并使之迈入第三阶段的那些公司与别的国家情况不一样。在美国,创新来自硅谷那些颠覆传统的初创企业,而中国不一样,大多数的创新项目将会来自中国的大型私营企业。这些公司里有一些部门依赖低垂果实并拥有持续的营收,例如网络游戏,因此这些公司更能冒险。他们也有能力和财力与监管部门建立起信任,并进行游说。

中国正从第一阶段(山寨阶段)迈向第二阶段(为中国市场创新的阶段),往往以商业模式创新的形式出现。全世界最好为下一个阶段,也就是第三阶段(中国公司为世界创新)做好准备,因为这个阶段很快就要来临。

刘胜义,腾讯高级执行副总裁、网络媒体事业群总裁

2006 年我第一次见到从哈佛商学院毕业的刘胜义,那时候他刚刚加入腾讯,我们俩都是互动广告和科技会展机构全球数字营销峰会的顾问委员会成员。刘在中国有 20 年的职业经验,此前他是阳狮中国的管理合伙人和天联广告的 CEO。

自从第一次见到刘之后,他对腾讯成长的推动作用令我叹为观止。腾讯原本是一个做在线和即时通讯的公司,而刘帮助腾讯发展为世界上最有创造力的互联网公司之一,它的子公司提供大众传媒、娱乐、互联网以及移动电话增值服务。

2011 年《广告时代》杂志把刘胜义评为全世界营销与媒体界最具影响力的 21 人之一。我采访了刘,想了解腾讯如何创造了一种创新文化,以及他成功的关键是什么。

雷小山:腾讯是如何培育创新文化的?

刘胜义:关键的一点是,腾讯的最高层管理团队具备多样性。多样性无疑是创新的必要元素,但如果公司的创始人没有一种开放的态度,可以包容各种不同,多样性就只是一个理念而已。我在马化腾(腾讯创始人)身上看到的这种心理成熟是一种非常少见的领导品质,这在别的中国本土公司里不容易看到。

除了能够接纳多样性的开放态度,我还想到了另外三个关键的驱动因素。第一,强大的企业信念,把提供最好的用户体验作为我们存在的核心理由和核心使命;第二,最高领导团队持续不断地保持强烈的危机感;第三,公司的优秀员工具备强大的职业道德和自主意愿,不断地学习新东西。

雷小山:你怎样落实这三个关键的驱动因素?

刘胜义:腾讯所有的员工都知道创新的责任不是一个短期的关键绩效指标,也不是仅仅为了完成项目而做的任务。必须系统地、持之以恒地灌输这个理念,让它在公司的文化和灵魂里深深扎根。如果你问我们 3 万员工里的任何一个人,我们最重要的任务是什么,我敢用我的最后一块钱来打赌,每个人都会回答,是用户体验。我们与员工日常讨论的时候,不断地提到"用户体验"这个词。员工升职也好,受罚也罢,大部分都基于他们对提高我们的用户体验做出了多少贡献。

我们的市场运营环境不再像以前那样简单的赢家通吃。任何有天分的人都能打垮一家反应太慢的公司,互联网商业的社交互动因素放大了这样的可能性。我们需要真的不停地进步才能让所有人了解并执行我们提供同类最佳用户体验这一承诺,而不是只喊喊口号。这样强烈的危机感是腾讯领导团队的一个关键特征。

我们一致清醒地认识并相信,与现有用户和潜在新用户的需求与时俱进的唯一方式就是创新。我们一路走来也犯了错。比如说,大约十年前,我们认为培养创新文化的灵丹妙药就是开办一个创新中心。随着时间的推移,我们意识到,创新的责任太大,不应该只留给一个孤立团队里的几位工程师来承担。给每一个工作在一线的产品经理和工程师灌输创新的责任心和自觉性,比建一个创新中心重要得多,因为他们才是跟我们用户密切接触的人。

雷小山:在中国,创新和增长有哪些挑战?

刘胜义:人力资本是个很大的挑战。历史原因和学习习惯,让中国人更倾向于接受指令。虽然我们在近几年也见证了这个普遍情况有了巨大的改变,但是普通员工基本上还是专注于执行命令。

第二项挑战是对知识产权保护严重缺乏尊重,也缺乏一个与时俱进的法律体系能确保,一旦侵犯了知识产权将会受到相应的惩罚。有报道引用最近一次全国人民代表大会上百度董事会主席说,现行的法律体系对公司的知识产权保护太弱。他讲述了一次痛苦的经历,作为一家市值超过1000亿人民币的公司,当知识产权遭遇侵犯时,侵权单位只被判缴纳几十万人民币的罚款。

雷小山:你觉得最大的竞争是来自国内品牌还是外国公司?

刘胜义:在中国,竞争无处不在。互联网领域就是谁能提供更好的产品和更好的用户体验,谁就有支持者和用户。此外,中国的网民可能没有你想的那样对品牌具有忠诚度。举个视频产业的例子,无论是哪家视频提供商,哪家能播放他们感兴趣的剧集,他们就会看哪家。用户永远都可以选择。近几年来产品开发的速度飞快,促使市场培养出一类要求更高但并不一定愿意花更多钱的消费者。因为总会有新的提供商因为将来可能 IPO 的潜力,而愿意承担成本,牺牲利润。

与中国公司的利益保持一致

政府对医疗保健行业的制假贩假比对其他行业,例如电脑软件的盗版侵权要更加重视。比如说,2007 年中国食品与药品监督局的前局长郑筱萸因腐败被判处死刑,因为他的罪行直接对人民造成了伤害,而许多街角卖盗版 DVD 的小贩即使排成行,警察也会无动于衷。

国内信息技术行业的发展目前形成了一定规模,也受到了盗版和侵权的冲击,政府正在加强对知识产权的保护。警方突袭抓获盗版碟商贩并收缴盗版产品。这种情况和 1960 年代的日本及 1980 年代的韩国很像,那时候这两个国家的政府也没有积极执行知识产权保护法,直到本土企业因为盗版侵权而遭受损失。

关键行动项目:西方品牌应该同可能遭受损失的中国公司的利益点保持一致,而不是像泰德 · 拉瓜坦于 2013 年在菲律宾《调查者》的专栏里那样只是谴责中国缺乏道德。对于中国本土企业来说,遵循国际标准所得到的钱比以往任何时候都要多,而政府也反应迅速以保护他们的权利。

第五章

北京咳，2013 年 1 月

“我们到哪里吃饭?”我问我的同事本·卡文德。我朝对街望去,只看到一波黑暗。我们站在北京的中心商务区,香格里拉旗下的中国大饭店应该就在街对面,我暗自想着,但只能看到一堵雾霾之墙。

卡文德瞄了我一眼,那眼神好像在说,“这让人难以置信”。卡文德在菲利普斯艾克赛特学院上完高中后,念的是康奈尔大学,也是康大的划船队队员,他是我 2006 年初为 CMR 招聘的第一位同事。在我们创立 CMR 的过程中,一起经历了许多困难和挑战。他不会轻易感到不安,更像块岩石。但此时此刻,就算是他,也看起来非常沮丧。

卡文德和我刚刚为一家 B2B 食品服务提供商完成了一个五年增长策略项目。这家公司的美国总部和中国运营团队的总裁都对项目感到满意。

我们想吃顿大餐庆祝一下。我们走出大楼找吃饭的地方,很快对眼前景象的震惊取代了刚才的幸福感。

空气混浊多沙,我们甚至看不到 20 米之外。本和我被沙尘吞没,这后来演变为北京 2013 年的空气末日,空气质量指数(AQI)飙到 700 以上,比世界卫生组织建议的合理水平高出 30 倍。

2013年印度尼西亚森林火灾的时候，新加坡的空气质量指数达到300，立即进入国家紧急状态，而北京当时是新加坡的两倍。洛杉矶是美国污染最严重的大城市，通常空气质量指数最高在20左右。2014年3月，巴黎的空气质量指数达到150，宣布进入紧急状态，并对巴黎市一半的车辆限行。

《每日秀》的主持人乔恩·斯图尔特调侃北京的污染，说人们实际上可以咀嚼空气。斯图尔特并没有太夸张。但是对生活在这里的人，以及对于越来越多亚太地区受污染影响的人来说，这可不是闹着玩的。

空气污染如此严重，正在改变人们生活的方式，他们对生活的想法，以及他们优先考虑要消费的东西。比如说，CRM发现在中国电子商务飙升的三个最主要的原因中就有一个是人们尽量避免出门购物。他们尽量减少上街买东西的次数，因为他们担心沙尘会吸入肺里。有好几代人也不再积极参加户外运动。

他们宅在家里，宁愿让快递员承受空气污染的危险。快递员的工资也在上涨，反映了空气污染的风险。一位来自江苏的快递员的妻子告诉我，她丈夫现在一个月挣1200美元至1300美元，而五年前一个月只挣150美元，因为"污染严重，现在这一行不好做"。

CMR在全国范围内的调研显示，中国人对污染的担心变得比对食品安全和其他产品安全的担忧更加严重，已经成为中国人生活中最主要的担忧。比如说，尽管在线购买生鲜和生活用品这些概念，像亚马逊生鲜和在线杂货店豌豆荚这样的网站在美国一开始炒作得很火，但现在很大程度上已经开不下去了，然而在中国，这个行业做得风生水起。上海一位38岁有两个孩子的妈妈跟我说："我刚刚在山姆会员店的网站上订购了东西。我为什么要出去吸那个呢？"她透过被污染得泥泞不堪的窗户,指着外面的空气。

我的公司每年都会对15座城市的5000名居民进行问卷调查。2013年,我们发现自2007年开始调查以来,对环境污染的担忧首次位列消费者五大忧虑之一。对环境污染的焦虑不仅改变了消费者的购物选择及购物方式,也改变了他们生活在中国的意愿。土豆网的联合创始人方德思虽然还在做与中国相关的生意,但2011年因为对环境污染和食品安全的忧虑而移居温哥华。

“主要原因,”方德思走的时候告诉我,“是因为空气污染,我觉得不能再让我的孩子继续这样了。他们常常无法在户外玩耍,就算在学校里也不行。”

也许对于商界人士和投资者来说,最需要分析的关键问题就是了解中国的污染问题以及污染对经济和消费者习惯的影响。污染的影响比对腐败的愤怒来得更严重,如果家长们对污染给孩子造成的影响忍无可忍,可能会造成社会不稳定。而遏制污染的直接后果是人才流失和资本流出,从而造成经济增速放缓,波及全球。

从积极的一面来看,中国面临的污染问题如此严重,使得这个国家确立了成为可再生能源创新领域领导者的立场。2011年位于圣地亚哥的加利福尼亚大学国际法律与法规实验室主任大卫·维克多对《华尔街日报》表示,中国有钱也有意愿接纳新的方案和技术,这两者结合起来,将使得中国的创新在商业上比任何其他国家都要发展得更好。

污染绝不是中国刚刚开始面临的新问题。至2003年,空气与水的质量恶化由来已久,我当时在文章和演讲中都批评了这一情况。那时我还在Inter-Asia,正在找空气净化器公司和一个心脏病项目时就已经发现，由于污染而造成死亡的数字很可怕了。

我与当时一位著名的政府官员讨论这个情况。他对我冷嘲热讽："中国的污染问题和日本及韩国经济发展阶段时面临的问题一样。伦敦20世纪早期的雾霾又怎么说呢？"他预测当时的情况会在十年左右得到很大改观。"只有你们这些来自富裕国家的外国人才会教训我们说污染。污染是经济发展的必然结果，许多中国人很穷，为了温饱而打拼。你们也不得不经历一样的污染阶段。"

这种论断很普遍，当政府拒绝加入全球遏制气候变化行动的时候，例如《京都议定书》，你能听到官员们如此为政府辩护。这种论断会说，中国正在经历一个复杂的发展过程，所有发达国家在工业化进程中都曾经历过，发达国家对发展中国家持有不同的标准，这是不公平的。这些说法再也站不住脚了。在过去十年里，有关污染的统计数字越来越差，而不是越来越好，世界上从来没有如此多的人同时受到这种影响。

加州大学伯克利分校的博士后研究员史蒂芬妮·埃文在《环境科学与技术》期刊上发表了六个月调研项目的结果，在旧金山湾区的PM2.5（直径小于2.5微米的可吸入固体颗粒）有29%来自东亚，其中大部分来自中国。不只是外国人和富裕的中国人民怨沸腾，所有社会经济阶层的中国人都对此怨声载道。

过去十年，中国的私家车保有量从2003年的650万辆增长到2013年的8500万辆，1200%的增长。车辆增长是污染的一个主要原因，但是污染问题还有很大一部分来自中国能源消耗对燃煤的依赖，70%的能源需求依赖于煤炭，而煤是中国为数不多的储备丰富的自然资源之一。结果是2014年中国排放了超过100亿吨二氧化碳，比美国和欧洲加起来还多。

中国的领导层试图解决这个问题,但是要在不过分减缓经济增长的情况下解决环境问题仍然很困难。不幸的是,这个问题在得到缓解之前,很可能进一步恶化。

美国、日本和其他发达国家在人均 GPD 达到 1 万美元至 1.5 万美元之间时,碳排放量达到顶峰。中国的人均 GDP 目前徘徊在 6000 美元上下,这意味着碳排放的情况还会继续恶化,以收入增速每年 7% 计算,至少要到 2025 年情况才能开始好转,除非对燃煤的依赖发生巨大的转变。

经常有人问我既然污染由来已久,为什么突然会变成消费者最大的担忧。答案包括两个方面的发展:首先,对于空气质量数据的测量和追踪(尤其是空气质量指数 AQI,能测量 PM2.5 这种可穿过人体鼻腔天然的过滤系统而吸入肺部的细小颗粒)把污染从一个抽象的概念变成了一个具体的问题。

其次,智能手机的普及加速了空气质量数据的传播扩散。截至 2012 年四季度末,中国的手机制造商,例如华为、联想和小米,开始出售应用谷歌安卓平台的经济适用型智能手机。这些公司开始提供免费的手机应用,以追踪空气质量指数,并能让用户通过社交媒体平台,例如微信和新浪微博与朋友分享空气质量数据。从来没有这么多人每隔一个小时就追踪一次污染数据,并实时与他人分享。

随着国家城镇化的推进,人们也改变了生活习惯,例如吃更多的肉类蛋白,更频繁地使用空调和其他便利生活的现代设备,人均污染排放也在上涨,而不是下降。正在兴起的中国梦里包括拥有一辆车,一间摆满现代生活便利设备的大房子。

指责其他发达国家的污染历史不再行得通。1990 年代时还觉得有道理,甚至很大程度上 2003 年那个官员对我说的也有点道理,因为那时候,很多人还在为吃饭问题而挣扎。但是现在,不计一切发展经济这种模式的坏处已经超过了它的好处。目前有 40% 的死因同空气污染与油腻饮食造成的心脑疾病有关。中国目前是世界上糖尿病病患数量第二多的国家,仅次于美国。

在过去的几年里,一大批中国富人移民去了别的国家。贝恩咨询和其他咨询公司都断言,出国移民的数量如此之高是因为中国的富人担心经济不景气。CMR 的调研结论与贝恩的相反。我们采访了几十位可投资资产达 1000 万美元甚至更高的中国人之后发现,中国人移民的首要原因是为了让家人享有更好的教育机会和医疗保障,以及减少暴露在污染中的几率。换句话说,这个国家面临严重的人才流失和资本外流问题,因为最优秀最聪明的人都逃到更干净清洁的环境里去了。

“你的指数是多少?”我问我的妻子杰西卡,“我的是 147。”杰西卡侧身转到床的一边,查看放在床头柜上的手机:她的指数是 186。她使用的智能手机应用收集和追踪的空气污染指数来自美国大使馆的探测仪。中国政府发布的智能手机程序的空气质量指数往往比美国大使馆的好一些,所以我们认为采信更糟糕的数据比较安全,以防万一。

“我们今天做什么呢?”我问,然后我们开始计划如何躲避笼罩在家周围的灰蒙蒙的空气。有时我觉得好像生活在阿诺德·施瓦辛格的电影《魔鬼总动员》里的火星上,在那里每个人都待在室内,踏出门外一步就会死。我当然是开玩笑的,但情况真的令人遗憾。

无论什么时候只要空气质量指数达到 200,我们的答案就很明确:儿子不会走去上学,我把他从头包到脚裹个严实,这样污染就不会进入他的头发和皮肤。我给他戴好一副口罩,确保严丝合缝,然后开车送他去学校,尽管学校离家骑自行车还不到五分钟。

当空气质量指数为120(比世界卫生组织认定的合理标准高出六倍)或者更低的时候,我们会戴着口罩骑车上学,我们觉得锻炼身体的好处能够抵消污染的害处。

当空气质量指数更差一些,在120和200之间时,我们就得做计划,看天行事。空气一直很差,但是用了N95过滤口罩后还过得去。我们会出门探探虚实,看雾霾到底有多重。如果我们觉得下午空气会干净一点,儿子能在学校操场上玩,我们就会骑车过去。如果我们觉得空气会变差,就开车过去。

自始至终我都很痛心,我怎么能让儿子暴露在这样的环境里。我在新罕布什尔州长大,下雪天学校放假;我的儿子汤姆,雾霾天学校放假。

通常,我妻子在上午11点的时候会再次查看空气质量。如果还行,放学后,她和汤姆可以在室外玩;如果很差,她会带他去滑冰或进行其他的室内活动。如果非常差,我就得从办公室开车到学校接儿子,然后直接回家。我们甚至不愿意开车或搭出租车带他去室内活动中心,因为担心一路上污染物会渗入车里。

污染对人们生活的影响远不只是带来更多的呼吸系统疾病和皮肤问题。它实实在在地改变了人们的日常计划,以及消费者如何看待生活中的首要事情。来自湖南长沙一位28岁的女性总结得很好,她告诉我:"如果水和空气都有毒,谁又会在乎我能不能买路易威登的包包呢?"她已经改变了消费习惯,不再买那些象征身份的物品,而是买那些保护她不受污染的产品,例如口罩和净化器,以及增强免疫力的产品。

对于各个品牌来说，了解污染如何影响人们的日常活动以及生活向往，对于它们调整适应这些变化非常关键。对于人力资源部门来说，创建新的政策以应对污染的影响也非常重要，因为污染会影响招聘新员工以及留住老员工。

马先生应该是个幸福的人。他拥有自己称之为梦想的工作，为全世界技术领域最大的公司之一管理运营中国的业务。马出生在台湾，从芝加哥大学取得工商管理硕士学位，一毕业就加入了他现在总部位于加利福尼亚的公司。2009 年公司有一个管理中国市场的职位，老板把这个位置给了他。

五年后，马先生一家和我一家在一间泰式餐厅一起吃晚饭。“我的公司下一个十年的首要目标是赢得中国市场，”马跟我说，他四岁的儿子爬到他腿上一边抓他一边笑。他怀里还抱着十个月大吸着米老鼠奶嘴的小儿子。

服务员端来一盘炸得金黄酥脆的春卷，旁边放着一碟浓郁的橘子酱。公司的目标是全球营收的 30% 来自中国市场，为了达到这个目标，马说：“总部给了我巨大的支持为这个计划投资。”他与公司谈好了薪酬，薪水很高，公司给他配了房子、车、司机，还替他支付孩子们上国际学校的学费。

尽管他对工作很满意，他还是在考虑离开这个岗位，或申请调到一个市场没那么引人瞩目的国家去，比如澳大利亚或新西兰，因为他担心污染对孩子健康的影响。近几年有那么多中国人移居澳大利亚，这一定程度上解释了为什么《经济学人》说澳大利亚已经成为英语国家中物价最高的国家。

马说："如果污染伤害了我的孩子，那么赚这么多钱，这么辛苦工作值不值得呢？对此我不再那么确定。"当马先生谈到留在中国的弊端时，他的妻子朱迪丝也在点头。

她加上了一句我常常听到的说法："也许再过一两年，然后离开这个国家。"他们也想过申请调岗到香港去，但香港的污染情况也越来越糟。

马和他的妻子对污染的担忧并不是孤例。争论到底是走是留，以及如何降低污染带来的风险，已经成为外国职员的日常话题，并且对组织机构招聘人才和留住人才产生了直接的影响。就马先生的公司来讲，很可能就此在关键市场失去一名优秀员工。

日本电器巨头松下公司已经开始给员工提供雾霾补贴。举个例子，在上海生活的日本人数量，从2012年10月的57458人下降到现在的47700人，减少了17%，绝大多数因为污染问题而迁走。而同期上海日本商工会议所的日本会员业务实际上升了3%，这表明是环境污染，而不是中日政治关系紧张造成了上海的日本人人数下降。

招纳人才到中国成了一种困难。金先生是我的一位客户，他管理着韩国一家大公司的全球市场部门，他给我发短信说："我需要你的个人建议。"他刚刚接到一个职位邀请，请他常驻上海，为一家热门的互联网企业管理亚太地区的市场营销业务，福利很好，薪水很高，还有股票期权，工作不错。

金跟我说，他不知道该怎么办。他很想要这个工作，但他也想要他的儿子能在室外踢足球，而不是在体育馆内或国际学校在操场上加盖顶棚墙壁的运动场内踢球。他告诉那家公司，他很乐意常驻香港，每周飞来上海工作。

区域总裁表示理解他的担忧，汇报上级看他们是否愿意把这个工作安排在香港，并对上级强调招聘面临的现实问题——他们必须因为雇员对污染的担忧而进行调整。高薪酬已经不足以招徕人了。

在过去的十年里，对于那些雄心勃勃志向高远的管理层来说，一个在中国的职位可谓是香饽饽。但是这种情况已经开始发生转变。德勤亚洲区全球招聘服务部门的领导唐·里格尔告诉我："现在越来越难说服那些高管，尤其是成了家的，接受一个长期在中国工作的职位。因为他们担心在中国生活质量不好。像上海和北京这样最关键的工作地点，因为高管们对污染和教育体系的担忧而让中国变得缺乏吸引力。公司仍然需要满足中国市场对一些特定高管人才的需求，但是这些公司的做法越来越有创造性，以调整适应满足人才对生活方式和家庭需求的考虑。"

除了公司的人力资源受到污染影响之外，一些满足外国人社区需求的公司——说英语的地产中介，国际学校，以及西式的酒吧和餐厅——也将面临艰难时刻，因为越来越多的外国职员选择离开，而其他外国人又拒绝来中国。几年前，要上国际小学，在等候名单上排上半年也司空见惯，但现在许多国际学校的生源流失，或是不得不投入几百万在每个教室里安装空气净化器。对抗污染的成本很高，但是现在，对抗污染的设备是必备品。一家上海的国际学校的行政人员告诉我，她在 2014 年 1 月观察到学生流失比正常情况要严重。"家长给出的主要理由就是污染——而并不是他们的公司在削减职位。"上海两家日本学校的入学学生数量在 2013 年 4 月下降到 2912 人，而前一年还有 3175 人。

那些以外国人为主要客户群的餐厅也发现客流量在下降，因而必须调整菜单为本地客人服务。一家很受欢迎的连锁西餐厅的经理告诉我 2014 年的销售情况。"外国人的客流量下降，人均花销也下降了,但是中国食客的客流量和人均花销都上升了。”中国食客期望得到原汁原味的西式就餐体验,但是他们偏好的味道和点菜方式与外国客人有所不同(比如说,增加更多能够一起分享的菜式,而不是分餐制的菜式),我们在第九章也会看到这一点。

把房子租给外国职员家庭的房东也感到了压力。许多管理层现在只身来到中国工作两三年,把家人留在本国。他们需要的住房面积更小,往往是酒店式公寓,而不是国际学校附近的别墅区。

乔是迪士尼公司的管理层,他目前为上海正在筹划的迪士尼乐园项目工作。他告诉我,他选择住在酒店式公寓而不是别墅,因为他的家人决定留在美国。“我每次只会在这里停留几个月,而不是几年。”像乔这样的情况变得越来越普遍。德勤的里格尔进一步解释说:

> 现在越来越少的跨国公司会采用传统的任命方式,即核心管理层带着他们的家人搬到海外住三五年。短期工作项目取代了传统的任命方式,即家人留在本国,而管理层频繁地出差,执行任务。管理人员驻海外不超过一年半,中途可以回家,次数不限,或者在中国住几个星期,然后回家住一两个星期,通过频繁地差旅完成工作。短期工作项目这种解决方式既避免了举家搬迁的开销,又解决了家人因为污染及昂贵又不理想的教育体系而难以适应这里生活的问题。

接下来的几章将会考察环境污染如何影响中国人的消费习惯,以及对新的中国梦这个概念的理解。消费者会花更多的预算在让他们开心的体验上,一部分是为了消除由于污染而造成的压力和沮丧。

他们也会花更多钱在让他们展现自我和表达创造力的渠道上，正如他们对生活中重要的事情进行了重新排序。污染正在影响生活的几乎所有层面。

刘佩琪，聚思（中美清洁能源合作组织）主席

刘佩琪是聚思（中国清洁能源合作组织）主席，聚思为切实推动中国绿色运动发展，召集跨国界和跨部门的重要影响者共同采取有精确目标的行动，帮助中国在可持续能源、绿色城市化以及绿色消费上积极推动转变。刘毕业于麻省理工，是英国零售商马莎百货的执行顾问，世界经济论坛可持续消费全球议程理事会和飞鱼座公司的顾问，也是《金融时报》证券交易环境市场委员会委员。

刘是中国绿色生活意见领袖之一，她也被世界经济论坛评为全球青年领袖，2012 年获得希拉里领导力学院的气候变化解决方案大奖，2008 年被美国《时代》周刊评为年度环保英雄，2010 年获希拉里国际领导力学院荣誉大奖，2010 年入选《福布斯》“亚洲最值得关注的女性”之一，2011 年被《赫芬顿邮报》评为“今日伟人”，2012 年入选《第一财经周刊》“中国创新商业领导者 50 人”。

雷小山：中国政府需要做那些事情来解决污染问题？

刘佩琪：显然政府已经认识到这个问题，并正在尝试整改。问题在于污染是多方面的。你不能光靠投钱进去，然后让它神奇般地自己消失。其他国家花了二三十年来解决它们的污染问题。1970 年代我在洛杉矶长大，洛杉矶的居民甚至看不到山，即使到了 1990 年代也是如此。发达国家过去花了二三十年来

解决这个问题,就算这样他们还是看不到蓝天,但环境的确变得更宜居了。

中国要解决污染问题可能还要再花三十年,但是中国的环境问题与气候变化问题是同期而行的——我们在这场战斗中的反应有点晚。中国不能采用过去的传统模式来解决这个问题。我们需要加快步伐以确保不会和气候变化最恶劣的时段撞车。

雷小山:中国正在采取哪些措施解决污染问题?

刘佩琪:你看污染有不同的来源,其中最主要的一个是火电厂。现在煤炭大约占到发电的80%。政府希望在今后几年把它降到66%,这是一个很大的降幅。但是到那个时候,实际煤炭的总用量是目前的三倍,所以这是一个相对的降幅,而不是一个绝对的下降。

中国必须停止建造新的火电厂。2013年,政府拨款2770亿美元给三个地区治理空气污染,拨款3330亿美元治理水污染。巴拉克·奥巴马宣布了一项法律草案,提供给美国所有政府机构的气候变化基金总额只有80亿美元。比较一下数字,就能看出两国政府为解决这个问题而作出的努力有哪些不同。火电厂需要提高能效。煤炭在大风天和夜间比太阳能更稳定。现有的电网正在改建,以便让不同的能源输入电网中。

中国现在有28个核电项目正在施工建造,比全世界其他所有的核电项目加起来还多。核电站不能建得太快,因为我们不能再来一次日本福岛核泄漏:我们必须造好核电站。中国已经拥有世界上最大的水电站三峡大坝。

第二大问题是汽车。正因为这个问题,北京必须减少发放车牌的数量。政府官员不能公车私用。燃烧农业废料却没有有效地转化成生物能。烧柴煮饭的小家庭是其中的问题之一。烧煤取暖也是一个大问题。

污染问题有许多利益相关方,不同的政策需要从根本上解决这些问题。烧柴油的卡车和非乘用车辆比如卡车和皮卡车的燃油标准过低也是问题。

雷小山:普通人能做什么?

刘佩琪:消费者要做的最重要的事情是如何保护自己。有一种迷思,认为污染就像是感冒或食物里的细菌,越冷,吃得越脏,你就越强壮,但污染不是这么回事。进入你体内的PM2.5颗粒越多,罹患癌症的几率就越高。八岁的小女孩都会得癌症。

政府过去为北方地区免费提供家庭烧煤供暖,现在仍然大量补贴。中国北方的死亡率比南方的要高5.5%,就因为烧煤取暖。教育人们如何看待污染并如何保护家人,这一点很重要。我有点觉得生活在中国就像生活在火星上。你真的需要考虑你的环境——每天吃的东西,呼吸进去的东西,如何确保环境在宜居的水平之内。

首先,人们需要佩戴(过滤颗粒的)N95口罩,要比现在佩戴的次数更加频繁。世界卫生组织建议PM2.5指数最高不要超过25。当指数达到50的时候,比利时会限行所有车辆。那为什么大家在这里都不戴口罩呢?我们对孩子对自己都太不理智了。大家都会被别人的行为所影响——如果他们看到别人没戴口罩,他们也不会戴。聚思开始免费发放N95口罩,并推动无水化小便器的普及。每个人都应该使用可穿戴、可清洗,严丝合缝包住脸部没有漏缝的口罩。这跟医院里戴的那种普通口罩不一样,有点像教育大家提高意识必须使用安全套的感觉。

第二点可能对于大家来说花费更大。让所有人都在家里安装空气净化器有点不现实。比如说我家里每个房间都有空气净化器,还有一个手持污染监测器,确保空气净化器把空气净化得足够干净。我们最多也只能把空气质量指数降到35或50。要确保房间密闭,不要让外面的空气进来。

当然,这一点对学校也很重要。学校需要在室内安装空气净化器。中国的学校需要拨出预算安装空气净化器。

雷小山:你有没有观察到中国人追求的生活方式与过去有所不同?

刘佩琪:到2030年,中国将有9亿城市居民,聚思的中国梦计划主要是让大家展望,在那个城市人口密度如此之高的情况下,大家如何能过上体面而丰富的生活。历史上从来没有这么多人同时生活在如此拥挤的空间里。

我们需要创新,改变城市的景象,到时候我们能用更少的资源来抵消或减少人口对地球的影响。一个根本问题在于目前中国人均可支配收入是美国的十分之一。2000年的时候是二十四分之一。所以我们正在迅速缩小可支配收入方面的差距。如果每个人都向往美国式的成功,就像《绯闻女孩》和《小时代》里的那样,那么我们就会陷入很大的问题,因为世界不能满足如此多的物质需求。大家没有意识到许多美国人,比如好莱坞的演员们,并没有试图追求绯闻女孩那样的生活方式,而是更关注跟朋友和家人一起体验生活,有美好的回忆,彼此交流,而不是物质层面的提高,比如买一百个铂金包。如果中国人知道李奥纳多·迪卡普里奥开电动车,或者本·阿弗莱克在全食超市里面采购纯素食,他们可能会感到意外。

中国梦的计划描绘出一幅引人瞩目的愿景，即创造一种根植于中国价值观的值得尊重的生活方式，这种方式有更强的可持续性，能让我们生活在人口密集的城市环境里。

聚思正在做一件很关键的事情，就是专门教育小学生，告诉他们如何同生态系统和谐相处。他们需要学习两件事。第一，尊重他人，尊重生态系统。第二，了解物质的供应链，循环经济，以及食物链。如果大家知道他们的行动或所做的决定会带来连锁反应，并最终影响地球，他们会更加仔细地思考自己的一举一动。

聚思正在做的项目就是一个例子。2013 年 2 月，我们启动了一个叫做“新吃法”的项目，说的是增加营养必须和可持续农业同时进展。我们在包玉刚小学（香港船王和慈善家包玉刚建立的小学）试行讲授我们开创的这个课程，教小学生什么才是对他们和对这个星球比较好的饮食方式。

我们一节课 45 分钟，和指南针公司（英国饮食公司）的大厨一起合作，他们为学校烹饪可口且更加健康的午餐。过去我们把美国的食物金字塔照搬过来，但其实并没有那么健康——这个食物金字塔是由食品工业的说客推动的。我们的方向更趋向于米歇尔·奥巴马的“我的盘子”计划。中国人的饮食问题越来越大。50% 的中国人有糖尿病倾向。12% 的人患有 I 型糖尿病。这个事实令人震惊，原因是我们被肯德基、芭斯罗缤、必胜客、麦当劳、唐恩都乐这样的快餐连锁给淹没了。我们需要教孩子们对自身更健康的新吃法，让他们能充实身心，更专注于学习。

如果地球今后有 92 亿人口，却仍然保持今天这样的饮食方式，我们的耕地将不足以养活这么多人。如果我们继续像今天这样消费和捕捞鱼类，到2050年可供商业捕捞的鱼类将会绝迹。中国的肉类消费逐渐增长，继续下去的话全球耕地将不足以支撑。可支配收入上涨意味着大家吃的肉更多了。养殖肉牛所消耗的耕地、水资源、肥料和运输能源比其他任何肉类都多，造成的土地污染也最大。有50%的食物在还没有端上盘子之前，就已经因为供应链的缺陷而被浪费掉了。

污染正在改变购物地点和购物方式

对污染问题持续上升的关注，对中国的百货商场有三重影响。首先，消费者重新分配他们的预算，不再购买大多数百货商场销售的中档产品，而是把钱花在体验上，比如出国旅游。

第二，污染严重的时候，消费者会尽量减少停留在室外的时间，选择去一些能待一整天的地方购物。中国的百货商场比购物中心面积要小，一两个小时就能逛完，不足以让人逛一整天。与此同时，地产开发商，例如新加坡的凯德置业和香港的新鸿基地产都在建造大型的购物中心，涵盖不同的消费业态，能让人一整天都可以买买买——商场、咖啡厅、停车位、电影院、餐厅——全部都在一幢楼里。消费者开车去购物中心，把车停在地下，上楼买东西，吃饭，不用接触户外有毒的空气。

第三，兴起的电商网站如唯品会和一号店，不仅使消费者能够舒服地坐在家里购物，也以品种和低价打败了百货商场。整体来看，百货商场在今后五年将面临挑战，必须着手调整货品品种和选址策略。

关键行动项目：空气污染问题带来的转变越来越快，品牌需要发展基于这种考量的销售渠道和营销策略。如果当天污染程度严重,那么户外活动和品牌游击店的效果就会不如人意,因为大家不仅会看天是蓝是灰,还会在智能手机上查阅当天的空气质量指数。相反,如果选择在购物中心这样的地点举办活动,或者在电商平台举办活动,尤其是那些移动设备上做得不错的电商平台,那么无论污染程度如何,活动效果都会不错。

顶级抗污染产品

消费者非常担忧空气污染,所以他们会尽可能购买价格承受范围内最高科技的空气过滤产品。他们拒绝使用廉价产品,因为觉得这类开销实际上事关生死。高端空气净化器和净水器品牌,比如 Blu Air 或 3M,以及威隔口罩(和 3M 口罩)卖得非常火。

这些公司应该关注供应链,因为许多产品会售罄并且还会有许多再次购买的订单。当空气很差的时候,这些公司需要为猛增的需求做好准备。他们也需要关注产品的外观——市面上很多空气净化器看起来并没有考虑外观设计。大型的空气净化设备很显眼,因为许多房屋面积不大,而每个房间都会放空气净化器。消费者不希望他们的家里装满了难看的矮胖的机器。

关键行动项目:强调抗污染产品有顶级的技术,也要设计美观。消费者不想要功能强大但是外观难看的电器,因为放在家里太明显了。家居装潢也是一个发展迅速的行业,而抗污染产品需要同房主和室内设计师的家装设计理念融为一体。

同样的道理,口罩必须设计得又舒服又好看,包括女性口罩(时髦又可爱)和儿童口罩(主要有好玩又受欢迎的卡通人物),因为如果小孩不喜欢口罩的样子就会经常摘下来。口罩要有不同的设计款式,这一点很重要,因为消费者把口罩也视为一项时尚单品,选择佩戴不同设计的口罩能彰显他们的独特品味。

第六章

炫富消费的终结

“这个问题听起来有点好笑，”陈先生对我说，这一天北京的天灰蒙蒙的，他开着红色的法拉利兜风，“但是我不知道该把钱花在什么地方。”1980 年代末至 1990 年代初，陈先生在海南岛搞房地产赚到第一桶金，然后搬到了北京，在这里他培养起“做地产大项目”所需的关系。到我们有些交情的时候，陈先生已经成为中国最富有的开发商之一，他的商业地产和住宅地产开发拓展到了全国各地。

过去陈先生往往把钱投到自己的开发项目当中，但是房地产的预期回报不够高，所以把钱从地产投资里拿出来，又不知道该怎么办。他考虑过在美国投资地产或是在夏威夷毛伊岛或纽约买房子，但他一年只去那里一两次，往往是看望他在美国新英格兰地区念贵族寄宿学校的女儿。

“我以前会买所有豪车品牌最新最好的车款，”他告诉我。我见过这些车——在他北京的豪宅的车库里，停放着保时捷、路虎揽胜，以及可以组一个小型车队的数辆奔驰 S600。但是，他接着说：“我已经有一年多没买新车了。”尽管他有过硬的关系，又有钱，陈先生还是没有办法在过去一年里搞到一块北京车牌。为了减少汽车数量，北京推出限牌新政，现在北京人得通过每月一次的摇号申请车牌；实际上只有不到 1% 的人能把车牌弄到手。

限购房产和车辆限牌对中国的亿万富豪造成了影响，迫使他们把钱花到别的地方去。全国各地有许多市政府实施了限发车牌的措施，以缓解交通拥堵和环境污染。纽约证券交易所上市公司易车网的创始人和首席执行官李斌告诉我："上海和北京限牌之后，其他的城市比如广州、天津和杭州都推出了限牌措施。因为城市规划并未预料到汽车数量增长会这么快，交通拥堵已经变成中国大城市的严重问题，需要花很长时间才能解决。"

李认为限牌的措施将会在中国继续推广。"其他一些汽车保有量较高的大城市也可能会采取限牌措施遏制交通拥堵。"政府出于遏制炒房投机的考虑制定了房产限购措施，这也改变了消费模式。

陈告诉我 2014 年他的钱无处可投。"我不相信股市——弄虚作假和操控市场的事情太多了。"

我们回到三环路上，我问陈他现在的钱怎么用。他说他正在北京建造一座 2000 平方米的庞大宅邸，"从全世界进口最好的东西。意大利的大理石和窗帘。缅甸的柚木"。全部算起来，他估计花了 5000 万美元。

限购政策下每个人能买的房屋数量有限，对豪华大宅的需求应运而生。五年前，很少有房屋卖到 500 万或 1000 万美元以上。现在，1500 万美元的住宅也有，有一些卖到 800 万到 1000 万美元，每平米单价 2 万到 3 万美元。这并不是指整个小区的价格都是这样，而是说，一套房子卖到 800 万到 1000 万美元，每平米 2 万到 3 万美元，这样的情况变得很普遍。

购房者不像以前一买就买好几套换着住，现在只买一套房居住，花一笔钱翻新装潢。

这些几百万美元一套的豪宅从外观上看基本都差不多，但是进去后你就会发现各有千秋。美国的购房者可以从备选项里挑选一种室内装潢方案,包括地板和墙壁等,但是中国的购房者不一样,因为大部分房子是毛坯房,只有空白的水泥墙。购房者必须自己挑选并安装电线、地板、灯光,甚至管道。

超级富豪过去会照搬别人的装修方案,全都弄成富丽堂皇的伪路易十四风格,一样的镀金栏杆,一样的豹纹装潢,但是现在追求个性的趋势开始了,因为大家对家装流程很熟悉了,想要创造一个不一样的家。

陈特意要把自己的家装修得和周围人家里不一样。他告诉我他用从世界各地旅行时买回来的摆设、家具和其他装饰品来装点自己的家,营造一个“温暖,温馨的氛围,我老婆会喜欢,而且和别人家的不一样”。他到南非狩猎旅行的时候,买了动物皮毛做成的地毯。他把去印度尼西亚和泰国旅游时买的黑檀木雕挂在墙上。

房产限购、限发车牌加上资本管制,这意味着中国的富人在国内能买的高价产品比以前要少。房产限购禁止中国人像纽约人在汉普顿或波士顿人在南塔克那样可以买度假屋,中国富豪在他们常住的房子上会投入更多钱。

财富被分花到艺术品、家具和家居装饰上。中国最大的国有地产开发商保利集团旗下的保利文化公司,专攻古董收藏和艺术品拍卖,2014 年这家公司 IPO 之后股价飙升,因为投资者知道有钱人都在买艺术品,一部分是为了彰显自己的品味以及做投资,但也有一部分是因为他们不知道还能把钱投到别的什么地方。2013 年中国成为全球最大的艺术品买入市场,总额超过 40 亿美元。

陈先生也买了一些裸钻和切割钻石,做成定制首饰后送给亲戚。他认为做首饰“独特又贴心”,因为定制首饰比从奢侈品牌店买现成的首饰感觉更特别。

一些中国富豪的离岸消费，往往在澳门通过可疑的渠道进行，他们假意购买商品，刷银联卡。消费者通过刷银联卡购物，然后退回商品，套取比付款额稍低的现金，差价作为手续费，这样用刷卡套现来绕过兑换外汇的限制。比如说，他们刷银联卡买一块20万美元的手表，然后退回手表拿取19万美元现金，店铺则拿走5%的差价作为手续费。也有其他一些人会找非法的兑汇者，就是偷偷出没在银行和热门观光地点附近的黄牛。

CMR对十几位中国亿万富豪调研之后发现，他们出国旅行时会避开去巴黎和罗马的大众路线，而到更不寻常的一些地方去冒险，比如南非或阿拉斯加。中国那些真正的有钱人追求的是跟其他人都不一样。

亿万富豪也在花更多的钱买高价商品，比如飞机和游艇，因为购买这些产品没有太多限制。近几年来，军方对私人飞机开放了空域，国内的机场也开始出租飞机库供私人飞机停放。通用动力旗下的湾流宇航，在中国的销售业务火得惊人。

1990年代，买一个几千美元的路易威登包包或古驰包包是大多数中国人认为自己永远无法企及的梦，就跟如今大多数美国人买不起几十万美元的法拉利和劳斯莱斯一样。用外国品牌，就算是大众品牌，比如宝洁的洗发水或耐克运动鞋，也是成功的象征。消费者在北京秀水街和上海襄阳路这样的市场上，买假冒的拉尔夫·劳伦服饰和贴着普拉达标签的山寨名牌包，是穷日子里的穷办法，而不是缺乏道德。当时的有钱人拎着正宗的名牌包，感觉倍有面子。

到世纪之交时，奢侈品对许多中国人而言仍然遥不可及。炫耀性消费,穿戴名牌是获得社会身份地位不可或缺的一种方式。带有明显品牌标识的手袋、钢笔和手表,比如路易威登、欧米茄、万宝龙这些名牌的商品在货架上被一抢而空。标识越大,越明显,越闪瞎眼,就越好。

到了2000年代末,中国人成为了新一批1980年代的日本人。到2012年,中国人消费的奢侈品大约占到全球奢侈品份额的20%,纽约第五大道和巴黎香榭丽舍大街挤满了中国人。奢侈品零售商雇佣会说普通话的售货员。

炫耀性消费仍然占主导地位。中产阶级消费者成群结队地抢购路易威登和普拉达;2013年中国消费者购买的路易威登产品占到该品牌全球销售额的50%。此时,这些东西已经正式成为了主流商品——于是超级富豪们不再需要了。一位北京女富豪告诉我,她不会买任何路易威登的东西因为太"大路货"——就算办公室里一个月赚800美元的秘书也在存钱(通常不吃午饭),为了买带路易威登印花的聚氯乙烯塑料皮包。

亿万富豪转向更高级的品牌,比如香奈儿、葆蝶家以及爱马仕,并且开始把注意力集中在更贵的东西上,比如汽车。2014年中国成为保时捷和劳斯莱斯最大的市场。有钱的消费者购买私人飞机和高端红酒,并开始把小孩送到国外顶尖的寄宿学校,比如美国的圣保罗和安杜佛。

为了更了解中国超级富豪们的消费习惯,我在2014年采访了玛蒂·维科斯特罗姆。她于2009年和2013年间任职于历丰集团,是这家全球第二大奢侈品控股公司时装与配饰部门的CEO。她目前是Harrys of London的总裁,这家高级手工制鞋品牌,采用橡胶鞋底,逐渐受到年轻皇室成员的青睐,品牌客户包括碧翠丝公主,威斯敏斯特公爵夫人以及汤姆·帕克·鲍尔斯(卡米拉的儿子)。

过去几年我和她在巴黎和上海见过面,发现她总是能把握中国富豪和名人的生活方式的潮流。

“中国消费者的品味水平和消费习惯变得越来越挑剔了,”维科斯特罗姆告诉我。她的品牌 Harrys of London 就是个很好的例子。艾美奖获奖演员达米安·刘易斯在最新一部电影里就穿着 Harrys of London,它是世界上最高级的鞋履品牌之一——一双售价从几百英镑到几千英镑,去过伦敦的中国富豪们越来越流行穿这个牌子的鞋。这些消费者看重“工艺、材质、传统、耐穿”,她说,而这些品质“已经开始超越炫耀性消费和炫富品牌,成为了购物的关键标准”。

“但是通过购物而获得社会身份地位是否仍然主流呢?”我问。

“身份地位是文化不可或缺的一部分,但是在购物方面已经发生了明显的转变,购物是为了形成消费者的个性和独特风格,”维科斯特罗姆回答。在她看来,自从 2012 年“政府反腐行动开始之后,毫无疑问加快了”这种转变,与 2008 年金融危机后“全球开始脱离名牌标识,炫耀性消费下降”的趋势同期而行。

标识特别显眼的那些品牌,比如路易威登,已经不再吃香,并不是因为消费者的品味进化或层次提高了,仅仅是因为他们想要更低调一些。

维科斯特罗姆把这种趋势称为“藏富”行动;不那么显眼,与周围人不一样,富裕人群在寻找低调的小众品牌,例如 Harrys of London,以及布里奥尼或者奇顿这样的复合品牌精品店。维科斯特罗姆说这种趋势也为中国品牌创造了机会,例如国产品牌“例外”。第一夫人第一次国事访问出行莫斯科时提的就是这个品牌的手袋。“许多见多识广的消费者开始认为‘例外’的一些品类比某些西方品牌还要好”，比如手袋和外套。

“超级富豪们现在想要什么呢？”我问。

维科斯特罗姆回答说：“精明的中国消费者现在把目标锁定在那些把他们和其他人区分开的品牌，能反映出消费者有品味的风格和日趋成熟的思想：卓越的消费者体验，定制商品和独家销售的商品，以及带有内在价值的产品。”

维科斯特罗姆的分析与 Cape Cobra 的老板理查德·夏佛的经历一致。这家南非顶级皮毛制品制作商为蒂凡尼、迈克·高仕和克洛伊等品牌制作皮革制品。夏佛告诉我，他的名牌鳄鱼皮和鸵鸟皮皮具广受那些在他开普敦皮具精品店驻足的中国客人的喜爱，这些客人往往是“最高端的消费者”。他还跟耀莱集团有限公司签订了合同，从 2013 年起在北京销售鸵鸟皮制品。因为中国人渴望与众不同且更高端的品牌，销量比他们原先预期的数字高出了好几倍。

“我刚买了一架湾流 550，”叶先生告诉我。这会儿我们在他奢华的私家会所里吃饭。叶先生是中国最富有的人之一，但保持着极度低调的状态——他从不出现在中国任何一个富豪榜单上，比如胡润百富或者福布斯富豪榜，尽管以他的身价绝对有资格上榜。而且他从来不接受媒体采访。最好不要太出风头，他这么跟我说。他愿意与我交谈，正是因为他相信我不会做任何有害他的事。

会所的墙壁上装饰着玉石雕像和古代的钟铃。叶指出几件他称为“无价之宝”的物件。叶先生的妻子提一只香奈儿手袋，穿着粉色套装和一双黑色高跟鞋。叶先生穿一身现代派的中山领衬衫。叶先生经常要去也门和其他中东国家以及非洲国家谈能源生意。他说有一架私人飞机可真是帮了大忙。

私人飞机销量飙升,使得许多公司把他们最先进的飞机卖给中国买家,而不像以前那样卖给中东皇室。游艇也变得很热门。一些海南岛的住宅小区的售楼噱头就是买房送游艇私家泊位。反腐行动影响了游艇销售,但是受影响的大多是销售给企业的那部分。2014年参加海天盛筵游艇展销品牌的数量跌至72家,而一年前有139家。然而卖给富豪私人的游艇销量一直表现出惊人的增长态势。一家游艇制造商告诉我,如果中国的人均游艇保有量达到香港的水平,那么中国市场还有很大的增长空间。意大利贸易委员会的数据显示,香港的游艇保有量是每25个富豪当中就有一个拥有游艇,而现在大陆的情况是每318个富豪中有一个拥有游艇。

尽管富有人群的品味不断变化,而且渴望保持低调,奢侈品在中国仍然很重要——买奢侈品背后的动机在发生变化。看重的产品与种类在变,但总体购买力仍然很强劲。

2006年CMR受一家总部在香港的奢侈品零售商委托,展开了一项调研。这家公司的地位相当于亚洲的美国高级商店萨克斯第五大道精品百货店或者尼曼百货。调研的主要发现揭示,消费者渴望的品牌全都差不多,就那么五到十个品牌,包括路易威登、杰尼亚、登喜路等,只有少数例外。购买同样的品牌能让他们展示身份,说明达到了“跟大家一样”的水平,但是恐落人后的担忧左右了大部分的购物决策。消费者担心买错了牌子看起来又傻又土。几乎是一种高中生的心态卷土重来。

CMR等候在男装西服品牌杰尼亚门店的出口,采访购物的客人,有许多人告诉我们,他们完全就是照着塑料模特身上的那一套——西服、领带、衬衫、皮带、皮鞋来全部买齐——因为他们希望看起来穿搭合体。他们不知道如何混搭。

2006 年杰尼亚用"英雄所见略同"这样的广告语来做宣传,其中的那种涵义如今不可能再奏效。因为中国市场的消费者越来越自信,足以自己来思考和决定买什么。

生活小康的白领阶层正在形成,也增加了对高端品牌的需求,例如迈克·高仕和蔻驰(Coach)。这些品牌的定位仅次于路易威登这样的大牌奢侈品。白领们开始相信他们永远也成不了真正的富人,这和五年前的情况很不同,那时候许多白领都相信他们正走在成为富人的路上。

2009 年 CMR 在例如上海这样的一线城市采访中产阶级。他们中的大多数人认为自己还在成为真正富豪的路上迈进。2013 年 CMR 调研发现,这种心态发生了戏剧性的转变——大多数人表示他们永远不可能成为超级富豪,因为他们错过了过去十年的房地产热潮。

中产阶级现在的目标比以前稍微低了一些,他们购物的档次也比之前梦寐以求的顶级品牌降了一级。从路易威登到博柏利、麦丝玛拉以及托里·伯奇。另一方面,最有钱的消费者比以前升了一个档次,购买香奈儿和爱马仕。而大牌奢侈品例如古驰、普拉达和路易威登则落在了中间,高不成低不就。

习近平主席影响深远的反腐行动刺激了奢侈品消费的转变,那些受欢迎的品牌和产品类别与以前不一样了。反腐也让奢侈品增长整体放缓。奢侈品销售的增长从 2011 年的 30% 跌至 2012 年的 7%,再落到 2013 年 2% 的水平。《理财周刊》(*MoneyWeek*)的梅林·萨默赛特·韦伯观察到奢侈品销量的骤降。他在 2013 年 8 月的一期《金融时报》上撰文断言，反腐行动让所有奢侈品牌和所有奢侈品类别的销量一落千丈。还有许多分析师也持有这样的观点。根据这种看法，腐败的生意人购买奢侈品并给官员送礼是此前奢侈品销售大增的原因。但真的是这样吗？

送礼对于奢侈品行业的影响有多大，如果你观察得比萨默赛特更深入一些，得出的观点就会不一样。对中国市场大多数的奢侈品品牌而言，送礼只占到销售额的20%。而对一些与暗中送礼更密切相关的特定产品类别，比如高端茶叶、手表、白酒和高档香烟等，送礼所占销售额的比例要高出许多。这在不同的品牌之间差别很大——往往流行送路易威登和欧米茄而不是依芙圣罗兰或者麦丝玛拉。不同的性别之间也有鲜明差别，行贿的礼品中男性使用的产品远多于女性配饰和服装。

CMR在2012年和2013年分别调研了1000位购买奢侈品的消费者。基于这些调研我们发现，基本上购买礼物占到奢侈品销售总额的20%，其中有一半（销售总额的10%）是买来送给朋友的。政府的反腐行动对这部分生意的影响并没有许多人设想的那么大。送礼的部分中还有四分之一（销售总额的5%）是商务往来，剩下的四分之一（销售总额的5%）是给政府官员送礼的腐败行为。对许多品牌来说，送礼给官员的购买所占的份额并不多。

对品牌来说，更大的威胁来自政府官员使用公款购买奢侈品进行奢侈消费。许多官员的薪资水平低于他们交际圈的平均水平。公务员一个月的工资不到1000美元，这种情况很普遍。他们以往使用公款买礼物送给其他官员。

2013年像龙井这样的高端茶叶的销量同比大跌70%，一年中几千家高端餐饮生意惨淡。超过50家五星级酒店游说相关部门，请求降低一个星级成为四星酒店，因为政府实行的新政要求公务员差旅不得下榻五星级酒店，航班不得乘坐公务舱。政府也减少了公务员出差住酒店的天数，缩短和减少了公务员出国的行程以及出国考察的次数。

更严格的监管环境和挑剔的眼光一起改变了中国富人消费奢侈品的现状。他们更趋于在梦寐以求的生活方式上花钱。这些方式往往根植于中国的民族主义，而不是炫耀财富和身份地位的心理。同样显而易见的是，奢侈品行业的许多品牌仍然有充分获得增长的机遇。

英晟楦，雨果博斯中国区董事总经理

加入时尚界之前，英晟楦（Gareth Incledon）在英国军队服务了12年，也是一位有特许管理资质的会计师。2005年他从Miss Sixty的英国有限公司离职，加入雨果博斯，成为该公司的财务总监。2009年他迁至丹麦，出任雨果博斯负责北欧市场的总经理，2012年他来到上海，出任雨果博斯中国零售市场的总经理。他与妻子育有两个儿子。他曾经是橄榄球运动员，现在在上海教孩子们打橄榄球。他刚来上海不久我就和他认识了。

雷小山：在反腐行动中奢侈品行业受到冲击，雨果博斯比大多数品牌的业绩更好。你们做了哪些事情来保持优势？

英晟楦：毫无疑问，习近平主席领导的反腐行动对奢侈品市场产生了影响。至少在大陆，影响了消费者购买高调的奢侈品。皮具、配饰以及手表可以说是时尚产业最炙手可热的类别。尽管皮具、配饰和手表是所有生活方式品牌都会提供的商品组成中的关键部分,但这些商品类别对我们的品牌传统并非举足轻重。我们也从不依赖带有标识性的花纹图案和显眼标识的产品,反而选择以低调和彰显品质的产品来确保成功。因为有这些因素叠加,再加上雨果博斯这个品牌大部分依靠个人消费拉动,所以虽然说不上丝毫不受行业销量放缓的影响,但在这一段紧缩和变化的过程中,相对来看业绩还不错。

我们大体上维持了价格定位,但同时在入门级和奢侈级两种价位上都推出了新的产品。尽管定价策略现在及以后仍然是一个关键因素,但我们也看到能够在中国市场本来就很丰富的产品类别基础上进一步拓宽产品的价值范围,并推出新的产品线,会创造很大的机遇。我们新近聘请的卓越创意人才吴季刚推动了我们女装产品线的发展,品类变得更丰富。这也是让我们的品牌在更多消费者中受到广泛欢迎的重要因素。

新近在上海和香港开业的旗舰店将不仅向客户展示我们更多的产品种类,还让我们有机会呈现持续的增值奢华服务。我们也打算今后在其他一些主要城市比如北京、深圳和成都,在合适的范围内提供这些服务和产品。这些投入也可以视为一个准确的信号,显示出我们将大中华市场视为一个整体来发展我们零售业务的长期承诺。

雷小山:在中国奢侈品行业,送礼消费和个人自用消费各自的影响有多大?

英晟楦:尽管买奢侈品给官员送礼的风气近乎绝迹,但我相信赠送礼物在消费整体市场的层面上仍然会很兴旺,虽然平均每单消费额会低一些。赠送礼物将对推动个人消费奢侈品牌的需求起到重要作用,会抵消反腐行动所造成的影响。而我也相信今后会保留两种重要的送礼渠道。

首先也可能更重要的一点是,通过相互送礼,礼尚往来表达感情。这是根植于中国文化中的习惯,逢年过节和家庭团聚所拉动的传统的送礼消费的机遇仍然存在,并且一直很活跃。但是现在还有更加商业化的节日送礼消费的理由和机会,比如情人节和单身节。这些情况对奢侈品牌来说让送礼消费今后完全有可能又一次大幅增长。

第二,中国细分奢侈品和消费品市场日益成熟。市场的细分将迫使零售商不只关注如何吸引新客人,也必需关注如何维护与回馈忠实客户,并开发利用消费者关系进行营销的工具,给不同细分品类的品牌带来合作的机会,让它们共同回馈忠实消费者,根据消费者不同的喜好,回馈给他们所喜爱、渴望和追求的东西。

雷小山:你认为哪种性别的消费占奢侈品销量的比重更高,男性还是女性?

英晟楦:中国奢侈品市场与世界上其他主要奢侈品市场的趋势完全相反,直到最近才有所转变。根据贝恩咨询 2013 年的数据,男女的消费比例据估计已经达到五五开。但是相比之下,欧洲市场还是女性的比重较高,男女性别消费之间的比例是 35:65。所以有理由相信,有充分证据表明中国女性的奢侈品消费能力将会在可预见的将来继续增长。有许多因素会对这种增长产生影响,但是迅速变化的社会态度和女性在职场的高度参与将毫无疑问在中长期内支持女性消费的增强。然而男装服饰也会继续为我们未来的营收贡献最大的份额。从百分比来看,女装对营收的贡献将比我们今天看到的比例更高，而从增长幅度来看，女装将是我们增长最快的一块业务。

雷小山：中国人出国的频次越来越高，这种情况会带来哪些机遇和挑战？

英晟楦：中国人现在出国旅行，不仅出国的人数越来越多，频率也越来越高，而且他们在中国大陆之外购买奢侈品的数量也越来越大。2013年贝恩咨询估算，大约中国大陆人口海外购物中有67%是购买奢侈品。这种趋势尽管对中国国内的奢侈品市场造成了波动，但也给众多品牌的全球销售创造了独一无二的机会，使得这些品牌在中国获益并切实参与到品牌的巨大投入当中。

在大陆以外的地方买奢侈品价格比较便宜，这是关键的动因，但绝对不是唯一的考虑。服务水平以及在品牌发源地购物的可靠性也是关键的决定性因素。消费者能轻松地走遍全球，那么他们去过的地方越多，对品牌的期待和理解就算不会随着阅历的增长变得越来越强，也至少会维持在一定水平之上。

我们完全认识到忠实客户对我们品牌这种合理的期待，并且实施了一些策略，例如在全球快速扩展的零售网络可以让我们把握消费者走进一家门店所得到的体验，无论在上海、香港还是巴黎。我们的产品与呈现方式以及员工培训采用了全球统一标准——包括在全球许多主要门店配置说普通话的员工以协助我们的中国客人购物——现代感、协调一致以及激动人心的店面设计将确保无论我们的客人决定在哪里购物，他们的期待与需求都会得到满足。我们也在寻求一些方法让不同地区的门店分享消费者购买行为的信息，并给予这些信息以改进我们的产品供应，满足特定的品味需求，比如风格和颜色，并让更多的客人享有消费者服务，比如量身定制和退换货。我相信一项准则，就是我们应该不仅满足中国市场的需求，还应该满足中国消费者的需求，无论他们去哪里旅行和购物。

雷小山：根据胡润报告，雨果博斯的女装系列已经成为十大最受欢迎的时装品牌之一，尽管过去雨果博斯在中国一直被视为一个男装品牌。你是如何做到这一点的？

英晟楦：雨果博斯在全世界许多关键市场已经成功建立起女装业务。过去，主要是因为中国奢侈品市场普遍的环境因素，我们决定不在中国市场全面推介及销售女装产品，直到最近才有所改变。

雨果博斯排在中国男装奢侈品牌的头两名。的确，2013 年胡润对中国高净值人群的调研中，我们的女装头一次登上了十大最受欢迎时尚品牌榜。2013 年发生了许多事情，帮助我们提升了雨果博斯的品牌知名度；2013 年 5 月，我们在上海时装周展示的新款里面有 70% 是女装系列。同年夏天，才华卓越的吴季刚加入了我们的团队，成为博斯女装的创意总监。同年秋天我们的上海旗舰店开幕，春节之前香港又新开了一家旗舰店。所有的门店都自豪地向客户呈现我们最新的丰富的女装品类。出国旅游也是另外一个因素，在全球主要门店里消费者都能看到我们的女装有不同凡响的呈现，这让客人关注到我们的产品，也提供给客人购买女装的机会。

尽管女装系列在中国市场尚未大规模推开，但到目前为止有限的销售记录已经给我们带来更有价值的洞见，我们发现中国消费者有一些细微不同的特征。这些了解能让我们做一些创新。比如调整我们的通用尺码表以更适合亚洲人的体型。事实上我们的男装品牌也是一样。但我们发现考虑到女装系列对细节的要求,这些细微差别对女装的影响更深刻。我们也注意到消费者对颜色和图案等方面的品味有一些差异。不仅是我们的采购策略会考虑这些,我们的创意团队在设计一个产品系列的最初阶段时也会考虑这些观察所得,以确保我们满足中国市场的需求。

雷小山:你如何看待零售行业的改变,比如百货公司销量下滑,电商走强?

英晟楦:因为刚才提到的政治、社会和经济等因素,过去一年半里,购物单体的客流量已经下滑。这种情况对百货公司和购物中心造成影响。过去三年,零售商业地产的面积供应大幅增加,也进一步深化了这种影响。但是每一家百货公司和购物中心受影响的程度是否相同,取决于诸多因素。然而,进驻百货公司经营品牌有一些特定的优势,百货公司往往名气更响,商品种类更多,通常拥有丰富的零售与消费者服务经验,并且采用专注于零售的方式。而购物中心往往需要积累这些经验专长。

但是有证据表明购物中心正在改变他们的策略,因此对百货公司来说,挑战在于如何与时俱进,改进他们的购物环境,更新商品种类以满足消费者正在变化的需求。做到这一点并不容易,而中国的购物中心通常有足够的空间面积,非常多的品牌和商品类别,还有许多专门的区域为消费者提供生活方式的选择,比如餐饮区和电影院等。因此,从长期来看,我相信消费者对购物中心的偏好会继续延续,而购物中心的销量也将相应增长。我很肯定还会有“第三种”购物商业体,就是许多家独立的门店进驻同一家百货公司，这种多元独立商店购物中心的模式，在人口密集的大城市将会越来越受到各色各样消费者的欢迎。在这些大城市我认为今后购物中心会给我们提供更好的机会和更好的竞争环境。也正因为如此，会为我们博斯主线品牌的营收贡献更高的份额。但是我相信，因为百货公司的本质就是按商品类别划分来呈现多种多样的商品，所以高品质的百货公司还是会为二线的生活方式品牌提供传播与发展的机会。

中国电商市场提供的机会非常惊人。数字与移动技术被广泛使用，而且将会继续扩张。2013 年雨果博斯在中国成功开设了电商渠道，我们选择自主运营网店，而不采用第三方运营的方式。一个关键原因是，作为奢侈品网上开店的先锋，我们认识到服务是我们品牌价值的关键组成部分，无论是与消费者在线互动为他们选择商品提供建议与帮助，还是物流支持的质量，都非常关键。我们相信直接管理网店与我们颇具实力的合作伙伴的共同努力，能确保为消费者提供最高水平的售前售后服务和客户关爱服务。

尽管我们做到了这一点，但毫无疑问当消费者购买价值高昂的商品时，仍然乐意享受我们门店提供的高水平服务，乐意体验我们专卖店的氛围。但是我不愿意看到今后实体店购物与电子商务之间彼此隔绝。我认为全渠道的商业模式能带来几乎无可限量的机会。品牌与消费者之间的所有接触点，包括传统的沟通与网络沟通媒介和商业媒介全部融汇贯通。

雷小山：许多品牌，例如路易威登已经决定重新把重点放在上海和北京这样的一线城市。你认为更多的增长会出现在一线城市，还是在三四线城市开设更多销售点比较合理？

英晟楦:一二线城市的富裕人群比例当然更高,而且毫无疑问会继续增长,所以奢侈品牌自然会把精力集中到这样的消费环境上。大多数国家二线以下的城市往往会追随大城市引领的潮流,所以在一二线城市的市场占有率较高,对各品牌在其他城市保持与增强市场份额,实行成功的策略起到了关键的支持作用。雨果博斯充分认识到这种要求,也通过开设旗舰店以及对其他省会城市店面的系统化升级来达到这些要求。

但是,麦肯锡咨询最近一项调查显示,三四线城市的中产阶级家庭与他们亲属的财富占城市财富总量的比例,预期会从2002年的18%上升到2022年接近40%的高度。这一类中产阶级上层人群的消费将于2022年占到城市消费总量的55%。而2002年这一数字只有20%。在今后七八年里,三四线城市的增长将吸引入门级奢侈品牌例如雨果博斯进驻其中。尽管生活在一二线城市的人口相对富裕,但他们目前也是最容易受到政治变化和国际旅行影响的人群,这一点也值得考虑。至少在短期内,一二线城市奢侈品牌将面临更激烈的竞争。许多行业着眼于提供给消费者更多生活方式的选择,让他们得以享受财富。

我相信有一点是肯定的,就是随着市场日趋成熟,品牌会找到他们各自具有优势的多元化细分市场。

雷小山:你认为从多大程度上已经出现了个人主义思想?你认为消费者的追求有哪些变化?雨果博斯如何应对这些变化?

英晟楦:毫无疑问中国消费者的眼光越来越高。我相信,人们追求个人主义到哪种程度,是真正的个人主义还是极端的个人主义,是由社会文化传统决定的。现在还很难判断今后会如何发展。在中国各色各样的商业形式快速发展,证明中国的消费者想要体验各种新鲜事物,有这种需求,无论是在时尚、科技还是旅行,或是其他方面。这种需求看起来几乎永远不会枯竭。这种现象必然会为新品牌和新产品带来机遇,让它们挑战市场上奢侈品牌的既有秩序。在我看来这种现象对品牌和消费来说只会是积极和健康的。

炫耀性消费的终结:小众品牌的崛起

中国富裕的消费者不再通过买衣服鞋子来显示自己有钱,转而购买高端而低调的小众品牌,以满足他们对生活方式的追求。香奈儿、葆蝶家和爱马仕的包袋很流行,大多数消费者基于标签上的高价和更加精细巧妙的设计特征感知到这些品牌的独特性。比如葆蝶家的皮革编织设计和香奈儿的极简设计,与那些堂而皇之闪闪发光带着大标识的设计有所不同。

今后的趋势会朝着价格更高、有强烈传统精神内涵的小众品牌这个方向发展。这些小众品牌让消费者能够展现自己的个性,例如男士鞋履公司 Harrys of London,大多数鞋履的价格在每双300到500英镑之间。这家公司对中国男性客户的销量剧增,这些男士到伦敦寻找一些与众不同但工艺精良的产品。

另一个例子是上海滩(Shanghai Tang),这个品牌在中国客人中声名鹊起,因为它理解中国人对本土奢侈品牌与日俱增的自豪感。上海滩的网络业务发展与消费者关系管理部门总监席尔瓦·罗谢告诉我:“中国人想要一些他们在日常繁忙生活中能享用的东西,但要带一些巧妙而优雅的中国概念。”因此,这个品牌改进了产品线,使其“提供能融合时尚现代及个人私密的中国元素的产品”。

关键行动项目：限制产品供应和销售点的数量，专注于消费者的特定需求，使用仿冒者不易复制的工艺，比如 Harrys of London 和上海滩已经做的那样。

比如阿玛尼在中国曾经面临山寨的问题——乔治·阿玛尼本人说他看不出山寨货和正品之间有什么区别。与之类似的情况是蔻驰的帆布手袋也很容易被仿冒，卖盗版的市场把假货分成三个档次：便宜的国产山寨货，质量好一点的国内精仿，以及来自韩国的高端仿品。很难看出来正品与韩国高端仿制的帆布手袋或聚氯乙烯材质的手袋有什么区别。

高端真皮手袋的情况则有所不同，例如爱马仕的铂金包，或葆蝶家的交叉编织缝纫皮包，这些产品保持高端独特的风格，销售点的数量更少。与众不同且精湛的工艺也不太可能被仿冒。

移民与资本外流

许多中国最富裕人群的生活越来越不好过。2012 年习近平开启的反腐行动动了真格，有许多富豪与他们的政治靠山落入法网。

很多人因为担心被捕而移民国外，把资金也带到了境外。许多情况下，富豪只身一人留在国内做生意，而家人移居海外。没有环境污染且户外活动丰富的地区受到移民的欢迎，例如悉尼、温哥华、西雅图和加利福尼亚。移居地点必须有良好的教育机会，并且有返回中国的交通便利。对地产律师和移民律师来说这是非常好的机遇。路透社发现，截至 2014 年，中国取代俄罗斯成为了曼哈顿房产最大的买家群体。

关键行动项目:卖给中国消费者不再意味着仅仅卖给中国市场。众品牌需要创建全球中国消费者战略,并且为中国消费者出国购物做好准备。比如说,世界上最大的酒店连锁公司之一委托我的公司规划中国消费者战略,因为他们发现远在欧洲和亚洲的酒店里有许多客人是中国人。

培优与教育

中国精英人士中象征身份地位的新标识,是把孩子送到美国顶尖的寄宿学校读书,比如圣保罗的艾克赛特。英国的寄宿学校比如伊顿公学和哈罗公学也很受欢迎,但是没有美国学校那么热门,因为中国家长认为美国和中国是新的世界经济超级大国,想为他们的孩子建立交际圈创造机会。

就连中产阶级的中国消费者也花费不菲购买帮助提高孩子素质的品牌,以培养孩子进入声名鹊起的学校。例如对美术和音乐的课外活动和暑期活动的需求也很高。放假期间,小学生们被送到美国、澳大利亚甚至巴厘岛去学习英语。

关键行动项目:定位于提高孩子竞争力的品牌将会有很大进展。在中国进入顶尖学校的竞争非常激烈,就算最富有的家庭也担心孩子的未来。家长们购买一切能帮助孩子学得更好的东西,从人体工学的座椅和学习灯到自动铅笔,并花钱让孩子上美术和音乐班,以帮助孩子发展心智。

第七章
中国消费者阶层的扩张

开门的时候，她脸上带着即将为人母的激动之情。"欢迎来我家，"27岁的瓦妮莎·朱面露笑容。她递给我们一次性拖鞋，就是住宾馆时存下来的那种。空气中还飘着昨晚川菜的香辣气味久久不散。

和我一起来的还有莫林，她是世界上最大的消费品公司的首席运营官。我们在做一个为期六个月的项目，拜访消费者家庭做深度访问，并把从中洞察到的信息转化为开发新产品和包装设计的灵感。

我们拜访的第一户人家是瓦妮莎，她家在成都的一个新区。成都是四川的省会，以时髦女性和休闲茶馆文化而闻名。瓦妮莎的丈夫小文外出上班了，他在一家跨国公司做销售，月薪800美元，因此瓦妮莎一个人带我们参观他们的家。

瓦妮莎蹒跚穿过两室一厅70平米的家，额头上渗出汗珠。虽然家里安装了一台海尔空调，但空调没开。她告诉我们她通常不开空调，也不大开其他家用电器，"为了节约电费"。

她大部分时间花在为迎接孩子到来而做的准备上。家人和朋友给孩子买的东西都很中性，因为没人知道会是男孩还是女孩。政府严禁医生在孩子出生前告知待产父母胎儿的性别，因为担心只准生一胎的家庭会倾向于男孩，如果他们知道怀的是女孩会要求流产。

中国的男女性别比例失衡,每100个女孩出生同时有118个男孩出生。根据国家统计局的数字,2010年全国人口普查的数据显示,男女性别比例为118比100,而通常自然的男女出生比例应为103比107。

瓦妮莎解释说她和小文担心油漆和家具中含有有毒物质,所以他们选用立邦漆刷墙。这个日本品牌深受信赖。他们还买了好孩子牌婴儿推车。这个中国国产婴幼儿产品制造商的产品安全声誉很好。他们还提早很久买了实木橱柜,这样所有的家具、油漆、窗帘能事先透透气,挥发甲醛和其他有毒气体。

许多中国家庭搬新家的时候,从窗帘到橱柜,到三合板的桌子,几乎所有东西都是新买的。搬新家很少会用上一辈留下来的东西。大多数人认为老家具是垃圾而不是古董。而所有这些新物件的气味混在一起让人无法忍受。

外国品牌的尿布和婴儿配方奶粉堆挤在婴儿房的一角,高高摞起,快要挨着天花板了。对瓦妮莎来说,储存空间太小,这是个问题,而大多数中国中产阶级家庭都有这个问题。以西方的标准来看,他们的家太局促了。

莫林有点疑惑不解。"为什么要用外国品牌?"她询问瓦妮莎。她不明白为什么瓦妮莎花钱买那些不能用来炫耀的品牌。

莫林刚刚看了唐锐涛(Tom Doctoroff)写的一本书,《中国人想要什么:文化、共产主义和中国的现代消费者》。这本书主要写中国的消费者习惯。唐锐涛是广告业巨头智威汤逊亚太区的首席执行官,他断言,只有能拿到外面显示身份地位的顶级产品,中国的消费者才会买。而家里用的东西则尽量买便宜的,比如装饰品。

瓦妮莎回答说:"我只是不相信国内生产的乳品,无论是中国的本土品牌还是外国品牌。国内乳品的供应链一塌糊涂。如果我相信这个品牌和质量,我愿意多花钱。”三聚氰胺奶粉丑闻爆出之后,2013年新西兰乳品公司恒天然又深陷肉毒杆菌污染传言的困扰,对奶粉质量问题的担忧经久不散,父母们不愿意再冒险。

瓦妮莎的回答与CMR监测的社交媒体上的反馈如出一辙,也解释了一些低价外国乳品品牌失去市场份额的原因。比如说,CMR为一家对冲基金公司做婴幼儿配方奶粉市场调研时发现,中国的母亲们认为更高的价格意味着更安全的产品。

比方许多母亲反馈说,她们不相信雀巢的婴儿配方奶粉。雀巢的乳牛牧场位于中国东北,被称为老工业区的地方。从雀巢的角度来看,在那里建立牧场运营管理,能把国际畜牧业标准与质量管理标准引进给当地牧民,对农民和当地的社区都是帮助。它的价位定得比其他国际品牌都要低。

但是雀巢的策略适得其反。中国的妈妈们担心当地几十年工业生产遗留下不安全的化学物会污染土壤,毒害牧草,最终影响到婴儿配方奶粉的安全。

用户们评价雀巢的价位只有竞争品牌例如国产奶粉合生元价格的50%甚至更低。他们担心价格这么低,质量管控会有问题。雀巢的问题暴露出一家外国品牌在中国以低价竞争的风险——消费者的认知是,来自西方发达市场例如瑞士的外国品牌,应该比本土品牌更贵,或者应该比发展中地区的品牌更贵,比如泰国或者东欧的品牌。

这么一解释,莫林理解了为什么瓦妮莎尽管收入比较低,但愿意为婴儿配方奶粉多花钱——她听说过2008年三聚氰胺丑闻,有几百个孩子因为喝了三聚氰胺超标奶粉而罹患肾结石,其中有五名死亡。她也知道尽管全国各地不断打击牧场见不得光的行径,安全问题仍然困扰着整个乳品行业。但她还是不明白为什么尿布也跟安全问题有关,于是她问瓦妮莎为什么会买好奇纸尿裤,而不买更便宜的国产品牌比如安尔乐。瓦妮莎家的一些尿布甚至还贴着香港标签。

“我担心中国制造的尿布质量不好,”瓦妮莎说,“任何接触孩子隐私部位皮肤的东西都必须是最好的。”她解释说,她自己用国产的卫生巾以节省开支,但为了孩子“不省一分钱”。有朋友去香港旅行,她就会请朋友从那边带尿布回来,因为香港的尿布“质量更好”。

母亲给孩子买东西,尤其是学步期儿童,会比给自己买东西更大方——为了安全——她们认为那几年对孩子的成长很关键。独生子女政策,加上因为好学校名额太少必须与其他孩子激烈竞争,让家长有了这种心态,即使独生子女政策放宽,局面仍会继续。许多家长习惯了这种思维方式,因为养育孩子的成本太高,限制了生二胎的数量。

官方媒体挑出许多外国品牌作为反面教材,例如国产的强生婴儿香波,使用的原料不如国外生产的同一产品。请朋友从国外带回婴儿配方奶粉、尿布和化妆品的现象很普遍。

消费者认为国产的外国品牌商品和国外生产的不一样。这种对国内产和国外产的高下比较在所有产品类别里都存在。过去,国外生产的外国品牌产品最获信任,也最有面子,接着是国内制造的外国品牌,然后是国产的中国知名品牌,最后才是地方品牌。现在这种高低比较发生了转变。有一些全国知名的本土品牌,例如合生元开始从外国进口原料,定位高于国内制造的外国品牌。这些顶级的国内品牌很快获得了消费者的喜爱和信任。

因为担心国内制造的产品质量,瓦妮莎为孩子买了日本品牌贝亲的香波。尽管因为在二战中犯下的滔天罪行,她对日本没有好感,但她相信日本的产品质量过关。日本食品她则一口不沾,包括寿司,因为担心受到福岛核泄漏的辐射。但她认为婴儿香波比较安全,因为生产基地远离福岛,而且也不会食用消化。

莫林了解了瓦妮莎的消费习惯,很显然唐锐涛的论断说中国人不会在家用的物件上多花钱已经不再准确。消费者在进步,不再像以前那样只为了显示身份地位而花钱,对食品安全和产品安全的忧虑以及自我表达和个人主义需求是决定购物欲望的主要动因。

尽管瓦妮莎已有六个月身孕,她还穿着10美元的高跟鞋,时髦的红衬衫,尽管衣服没什么牌子,是她花了40元(大约7美元)买的。在衬衫外她套了一件深蓝色的防辐射罩衫。中国孕妇会穿这种衣服以隔离电脑、电视屏幕和手机的辐射。

瓦妮莎也做了牺牲,不再化妆,因为她担心化学物质会影响胎儿,但是只要瞟一眼洗手间,就能发现她在润肤露和眼霜上花了很多钱。洗手台周围放了一圈欧莱雅的瓶瓶罐罐。有一些是她自己买的,还有一些是朋友送的。

她有一张很长的购物清单,包括指甲油和睫毛膏。这张单子是给她的女性朋友甚至包括她们的丈夫,只要有人去香港,就会请他们照单代购。“我托朋友从香港莎莎带这些东西,因为那里的价格比成都便宜两三成,品种也更多。”

她对海外购物的渴望解释了“代购”热的原因。人们通过在内地与香港之间频繁往来过境的第三方购买商品,其中也有一些在淘宝和微信上开代购店。即使加上手续费,价格还是比从加了关税的合法店铺里购买更便宜。

说到衣物,瓦妮莎的丈夫一直对价格很敏感。衣橱里的男装主要是有型有款但没什么名气的品牌。他也有一件600美元的JEEP

牌夹克衫，这家汽车公司授权生产的服装品牌在那些想展示不羁的运动性格的中国富裕阶层中很受欢迎。他的衣橱里也有耐克鞋，花了 250 美元，因为他想要“最好的运动鞋”。但是衣橱里大部分塞满了没什么牌子的或廉价品牌的衣物。

有好几箱华润集团生产的雪花啤酒摞在饭厅的一角。他的家和大多数中国家庭一样，饭厅跟客厅组合在一起。有时候他甚至会买地方品牌的啤酒——省钱给孩子。他觉得没有必要买百威甚至国产品牌青岛这样贵的啤酒。

后来我们观察了瓦妮莎洗衣服做午饭。存物空间和产品包装对消费者选择产品产生了重要的影响。

她从一个密封的婴幼儿奶粉旧罐子里舀出 8 勺洗衣粉，我们问她为什么这么做，她说大部分洗衣粉装在塑料袋里，这样“好烦哦”，因为不方便密封保存。她最喜欢的洗衣粉是个外国品牌，产品包装只有塑料袋和一次性纸盒两种，所以她从一个朋友那里拿了一个旧的奶粉罐。

当时大多数洗衣粉品牌认为中国消费者对价格敏感，所以想通过最简单也最便宜的包装方式来削减成本——因此货架上堆满了薄如蝉翼的塑料袋包装的洗衣粉。但是基于对瓦妮莎的深度观察，莫林的公司推出了带有密封拉链包装的洗衣粉。几个星期之后，这种洗衣粉成为了公司的畅销产品。

质量更好的包装获得成功，我对此丝毫不觉得意外。消费者经常会反馈缺乏优质包装的问题。有一次我们在瓶装水领域做了一个调研，发现在消费者购买决策过程中，包装的坚固性起到了非常关键的作用。

比如说为了保护环境，雀巢的优活纯净水品牌使用了更薄的塑料瓶身和更浅的瓶盖，这些生态友好型水瓶在欧洲很受欢迎，但是中国消费者的反馈与欧洲的很不一样。消费者告诉我们，他们觉得雀巢"试图使用薄得像纸一样的包装来削减成本"，并由此担心水质。许多受访者告诉我们，如果包装感觉这么廉价，他们担心雀巢的水质处理也会偷工减料。

消费者表示他们喜欢国产品牌更硬实一点的瓶身，比如农夫山泉。杭州一位 31 岁的女士告诉我："比起雀巢，我更喜欢农夫山泉包装更牢靠的感觉，就是觉得更安全一些。"这还是农夫山泉卷入质量控制丑闻后的说法，而雀巢从来没经历过质量风波。

雀巢的问题也暗示了一个小矛盾——消费者担心污染但又不信任环境友好和绿色行动。消费者告诉我们，许多绿色行动从整体上对环境有益，但在短期内对他们的个人利益造成风险，因为产品可能不太安全或价格过高。

瓦妮莎开始做午饭。她炒了一盘鸡肉，撒上大把香料，太香了，我闻着都觉得饿。我们发现收纳空间太小对瓦妮莎来说是个问题。她的冰箱又小又窄——中国大多数冰箱是美国厨房里常见的冰箱大小的二分之一到三分之二。瓦妮莎家里有几个橱柜，但深度不够，她只能买包装紧凑容易堆叠的产品。空间限制对于购物选择的影响让莫林大开眼界。她早已习惯了那种空间充裕摆得下许多厨具的美式大厨房。她意识到她的公司必须对全线产品重新进行设计包装。

那天晚上，我和莫林对着一碗四川香辣鱼回顾了当天的所见所闻。瓦妮莎和她丈夫的消费习惯让我想起了沙漏时计的形状——两头宽，中间细。对于那些他们认为非常重要必不可少的东西——瓦妮莎的欧莱雅面霜，小文的耐克运动鞋，以及即将出生的孩子要用的所有物品，他们都出手大方，购买他们承受范围内最好的品牌。而对于其他绝大多数产品——T恤、指甲油、啤酒,他们会直接跳过中等价位,买最便宜的。即便瓦妮莎和小文是中产阶级消费者,他们也不以像他们收入阶层理应消费的方式来购物,即购买定位于中产阶级消费者的中等价位的品牌——他们要么买最贵的,要么买最便宜的。

一个温暖的春日,我在北京见到了王波和他的未婚妻爱丽丝。他们年龄与瓦妮莎和小文差不多——一个二十五六,一个二十八九——但他们的收入是瓦妮莎和小文的三倍。爱丽丝从北京大学毕业后进入了四大会计师事务所之一的公司工作,而北京大学是中国高等教育的顶级院校,这所成立于1898年的大学是全国闻名的第一所现代国立大学。

王波毕业于北京大学,六年内跳了四家公司。他和许多中国年轻人一样,为了追求更好的收入和更高的职位不断跳槽。我见到他的时候,他在一家小型的中国企业做信息技术咨询,刚做了两个月,但他承认已经打算应征别的工作。

不过长期以来,王波对不远的将来感到沮丧,而这种感觉与日俱增。王波嘟囔着抱怨说:“我三到五年内绝对买不起一个好房子,价格太高了。”他的眉头皱了起来。“养个孩子又得花多少钱?”

CMR的调研显示,28岁到35岁未买房的男性会感到沮丧和悲观。这一人群里95%的受访者告诉我们,他们担心买不起宜居的房子。“我不知道如果父母不帮衬的话,我能不能买得起房子,”王波承认,“我从毕业开始,工资每年涨30%到40%,但就算继续这么涨,还是不够在北京买一个能养家的体面房子。”

王波能找到爱丽丝也比较幸运,许多男性在买房买车之前找不到配偶。女性在婚恋网站和相亲会上对异性提出的先决条件之一就是有车有房，暗示着她们对物质条件保障的高度重视。上海一位未婚男性告诉我，女朋友不答应在他买房之前嫁给他。

瓦妮莎和小文用自己的钱付了首付，按揭买下了他们在成都的小公寓。王波和他们不同，他打算让父母帮忙买房。他打算晚点再要孩子，等到经济更稳定了再说——他估计得等到三十五六或者三十八九岁。

王波和爱丽丝二十岁出头的时候，跟成都的瓦妮莎和小文夫妇一样，消费习惯是沙漏形的。那时候他们认为今后会富裕起来，会买一些能够体现他们所追求的身份地位的东西。爱丽丝刚大学毕业不久就存了好几个月工资买了一个路易威登手袋。王波买了一块欧米茄手表和一套杰尼亚西装穿去上班。

然而当未来变得越来越不确定时，他们的购买习惯转向了中档品牌。爱丽丝开始买蔻驰和托里·伯奇手袋，价格只有她路易威登手袋的一半。她不会买没牌子的衣服，而是买快速时尚品牌，比如优衣库和 H&M。王波喜欢狼爪牌的户外运动服饰，因为这些衣服让他感觉身材匀称健硕，即使他从未打算攀登喜马拉雅山或参加极限运动。越来越多的中档品牌进入北京市场——比如时尚品牌迈克·高仕，H&M 以及 MCM。王波和爱丽丝与价格高端和低端两极的品牌渐行渐远，趋向于选择市场上符合他们品味与预算的新晋品牌。

在过去十年里，高盛银行前首席经济学家吉姆·奥尼尔，以及《中国梦：全球最大的中产阶级的崛起及其影响》一书作者艾伦，还有其他一些分析师强调说中国出现的中产阶级积极乐观且雄心勃勃，是各大公司增长潜力的新动力。中国这一中产阶级群体从人数上来看是全球最大的——有大约 3.5 亿人——他们的家庭年收入在 8000 美元和 25000 美元之间。

除了买生活必需品之外，这一群体能购买一些非必需品，比如衣服和化妆品，还能一个星期出去吃好几餐，也负担得起每年在国内旅游几次，或每隔几年出国旅行。这个群体里收入较高的消费者已经买了车，比如本田卡罗拉或大众捷达。在上海、北京和广州这样的一线城市里，2003 年和 2008 年之间购买了房产的中产阶级消费者随着房价飙升变得富有。这些人现在三四十岁，投资地产成为了他们创造新财富的驱动因素。在房地产繁荣的那些年里，人们并不是通过工资而致富，而是通过投资房产而发财。

2008 年以前，房产限购还不存在。首付低到只需要房价的 10%，如果有关系还可以更低，其余的可以找银行贷款。精明老道的投资者在低息贷款和监管宽松的鼓动下买下好几套房产。我有许多朋友辞去高薪工作专心炒房。有一位朋友是华尔街大投资银行实力集团里某投资银行的总经理，他辞去工作，买了十套房子，每套大约 50 万美元。然后以每套 200 万美元的价格售出，净赚 1500 万美元。房价涨得如此之快，以至于买房的人连房子都不看一眼就下单，连门都没踏进一步就卖掉。

那段时间没买房子的人错过了很可能是世界历史上最大的创富机会。稳定的政治局势，繁荣的经济增长，创造了众多一夜暴富的百万富豪，推动了乐观主义的心态，与第二次世界大战之后美国那一段时期相似。

随着消费者的社会地位越来越高，乐观主义也让他们的眼光比以前更高。他们并不认为自己永远会是中产阶级——许多人并非出身中产家庭，也不认为今后一辈子都会止步于中产。沙漏形的消费形态出现了——他们会买更高档的东西，因为他们认为自己正在迈向富裕的道路上，并且想要炫耀已经取得的成功，他们会无视那些瞧不上眼的、觉得不值钱的中档产品。

为了抓住这些乐观态度带来的商机，诸多品牌在中国把产品营销成梦寐以求的高端产品，其定位比在本国市场更高。这种策略在许多年里非常奏效。以丹麦鞋履品牌爱步为例。在欧洲大家知道这个品牌的鞋子很舒服，而且价格相对负担得起，但在中国市场却被定位为顶级舒适鞋履。爱步在中国最畅销的鞋履价位在 400 美元到 800 美元之间，而其在美国最畅销的价格区间是 100 美元到 200 美元之间。购买奢侈品的消费者告诉 CMR，说他们买鞋子往往会在古驰和爱步两个品牌之中选择。另一个例子是新秀丽。在美国，新秀丽的箱子往往会堆在 Marshall's 或 TJMAXX 这样的打折商店里出售。新秀丽为中国市场重新设计，把自己定位为一个消费者梦寐以求的与德国行李箱制造商 RIMOVA 媲美的顶级箱包品牌。他们在顶级的购物中心开设了品牌专卖店。

但是，从 2013 年初开始，一线城市中产阶级消费者的乐观情绪开始退潮。房价持续攀升，然而收入的增速跟不上房价上涨的节奏，让人们感到失望。人们觉得自己再也无法实现拥有一套体面住房的梦想。跨国公司和国有企业都削减了扩张计划。因为经济数据不景气，就业机会也因此受到限制。北京和上海经历了史上罕见的空气污染，对污染的担心变得更加严重。监控空气质量的手机应用大批出现，人们也第一次从数据上了解到空气质量到底有多糟糕。

一线城市越来越沮丧的情绪，导致了中产阶级消费者对生活的看法从 2013 年开始出现了戏剧化的转变，并且也影响到他们重新考虑消费的轻重缓急。因为中产阶级消费者错过了房地产热潮，他们意识到自己根本不可能都变得非常富有。他们会一直选择购买类似优衣库和欧时力这样以中产阶级为目标客户的品牌。消费者更愿意通过购买小众品牌来表达自己的个性。如果他们不能变得富有，至少可以变得与众不同。

消费者重新考虑消费的轻重缓急，重新排定什么非买不可，什么可以少买一些——减少服饰与鞋履的开销，花更多钱去体验生活，比如旅行、下馆子、看电影，消费的方式从以往强调显示身份地位转变为专注于生活质量。

在二线城市比如瓦妮莎和小文生活的成都，以及工资增长仍然强劲的小型省会城市，把品牌定位为梦寐以求的高端产品这种策略仍然有效，但效果没有在大城市那么明显。三四线城市的消费者得益于城镇化进程，基础设施的花费以及把公司迁到土地成本更便宜的地区，这些因素带来了收入增长，消费者仍然比较积极乐观。

品牌们需要准备好调整策略，因为三年前还行得通的办法在三年后肯定不管用了。如果收入增长与房价上升不能保持同步，那么一线城市消费者的悲观可能会蔓延至全国其他地区。

尽管吉姆·奥尼尔这样的分析师们仍然在鼓吹中产阶级正在崛起，CMR 的调研发现，城市地区中收入更低，月薪在 350 美元到 600 美元的那些消费者要比中产阶级乐观得多。总数大约为 8.75 亿的低收入中国居民拥有的可支配收入，正开始激起众多品牌的兴趣。管理者需要了解这一消费者群体追求改变的动因，因为这些因素将会在未来十年驱动利润的增长。

当经济发展不再只依靠体力劳动，低收入的中国居民，尤其是女性，在服务业找到了薪资更高的工作。这一群体的工资收入一年增长 20% 或者更多。

2003 年我在上海认识了小杨。她来自中国西部四川省一个小山村，16 岁离家到广东东莞一家台资电子元件工厂辛苦打工。她当时月薪 120 美元，一半寄回家，另一半拿来买衣服、鞋子和廉价手机，或者到网吧上网和朋友聊 QQ。她那时候最喜欢的鞋是一双仿制的耐克鞋，不过也许是真货，因为“质量非常好，而且附近有一家耐克鞋厂”。

几个月后她辞职来到上海。她的姐姐在上海一家工厂打工，但小杨不想到姐姐的厂里工作。“我不想再到工厂上班了——太没意思！”我遇到她的时候，她在我家附近的一间按摩店做足疗师。虽然这个工作很正经，但她家人不问，她也就不说在干什么。“我没告诉我家里人——他们会以为我在做坏事。”她说因为她的父亲非常传统。就算是和她住在一起的姐姐也不问她在哪里工作。那时候她在按摩店一个月赚 180 美元。

接下来的五年里，我每周做足底按摩的时候都会见到她。足疗价格五年内翻了三倍，而小杨的工资也相应涨了三倍。她仍然会寄一部分工资回家，但也开始为了在老家买房存钱。她老家的房价在 2003 年至 2007 年间翻了一倍，她告诉我，她必须赶紧尽量多存点钱，才能在房价涨得更高之前买下房子。

但是无论她寄回家多少钱，或者要为买房攒多少钱，小杨总有一部最新款最热门的手机。2005 年是修长的摩托罗拉 RAZR 翻盖手机，到了 2008 年则是手感顺滑的苹果 iPhone3G 手机。每一部手机都要花掉她两三个月的工资。小杨和中国其他年轻人在手机上花这么多钱，总是让我很吃惊。的确，CMR 在 2007 年和 2008 年举行的调研中发现，对于年龄 26 岁以下的消费者来说，手机是他们仅次于房和车之后最值钱的财产。而 2011 年 CMR 的消费欲望调研发现，出国旅行、奢侈品配饰和跟朋友外出就餐取代了手机的地位——到了这时，智能手机很普遍了，许多人分不出价格略低的华为和小米同更高端的三星或 HTC 之间有什么区别。

2008 年北京奥运会前后的一天，小杨告诉我她要离开按摩店。我问她接下来打算做什么，她说："我不知道，也许在保险公司找个工作。"她只念完了初中（尽管她只有初中文化，其他按摩师还是叫她"文化人"），但是小杨认为她能在别的地方找一份文秘工作。

我大约有五年没见过她。然后有一天，在上海某个商圈的星巴克里小杨看到了我。我之前认识的小杨是个可爱的小姑娘，现在变成了一名时髦的职业女性。她以前是黑色直发，而现在染成了金黄色，做了造型。她穿一条刚刚及膝的连衣裙，拎一只蔻驰牌手袋。她向我挥手，喊我的中文名字："小山！"

我们开始聊她这几年过得如何。她嫁给了一个东北男人，现在的确在保险公司工作，不过她的工作不是文秘，而是销售。她一个月挣 1280 美元——是她做建筑行业的丈夫月薪的三倍。他们刚结婚的时候两个人的工资还差不多。

我问她有没有买房子。她笑逐颜开地说："我在老家买了一套房子。最终我们都要搬回老家。现在，我爷爷奶奶和父母住在那里，照顾我的女儿，我和老公在这里工作。"那套房子的产证上写的是她的名字，她告诉我："首付的大部分是我出的。"虽然她的丈夫也出了钱，但他同意产证上只写她的名字，以向她保证不会在外面搞外遇，因为一旦离婚，房子就会归小杨所有。小杨的经历与 CMR 调研的结果一致——许多女性，尤其是蓝领女性，是夫妻买房的一方，或是产证上署名的一方。

当经济发展模式不再依赖于大规模投资时，女性，尤其是低收入群体，受益更多，女性会比男人挣得更多，这也改变了家庭关系。小杨说:“生活过得不错,而且越来越好。实际上我要搬去武汉,因为我认为那里的机会更好,回家看女儿的路费也更低。”她的丈夫愿意跟她一起去。

正在清华大学完成博士论文的社会学者洪理达在2014年出版了一本书,《剩女:中国性别不平等死灰复燃》。在这本书里,她断言中国经济体量从1980年的2024.6亿美元增长到2011年69884.7亿美元翻了几番,而与此同时中国大部分女性被剥夺了这一人类历史上最大的财富增长机遇。她断言大多数房产证上只写了男方的名字,因为老一辈的传统价值观往往令男方的父母帮忙资助一部分买新房的钱。

但是洪理达的研究有缺陷,这让她的结论有一点站不住脚——具体来说,就是她的样本数太小,前后也不大一致。她承认调研的样本人群主要来自全国受过大学教育,年龄在二十八九,三十出头的年轻人。她也在北京和上海做过面对面长达数小时的深度采访,受访者60名,有男性也有女性,但女性更多。

洪理达的样本数太小,调研方法(网上调研)以及对受访者的选择也让她的研究变得可疑,并且也不能代表全国的情况。她可以下结论说,北京和上海受过大学教育的二三十岁的女性也许已经错过了房地产热潮(基于CMR做过的更多调研,我可能会反驳这个结论),但她肯定无法断言说所有的女性都是这样。

CMR的调研发现与洪理达的结论相反——对几千位全国不同经济水平和教育水平的女性进行调研后,我们发现许多房产证只写了女方的名字,或者至少夫妻两个人的名字都写上了。女性受访者说,男性这么做是为了给女性安全感,以表达他的爱,这跟小杨家的情况是一样的。

一部分原因是社会性别规范发生了变化,也有一部分原因是男女比例失衡。男性必须竭尽全力讨女性欢心,并显示他们会关心照顾女性。为了表现这一点,越来越多的房产置于女性名下。即使是中国最富裕的家庭,房产往往也列在女性名下。许多情况下,这样做是为了避税,万一丈夫因为腐败而被捕,妻子还能有个容身之所,或者万一两人离婚,还可以给妻子留个保障。

如果说有谁被排除在房地产热潮的机遇之外,那就是二十几岁的中产阶级人群,比如王波和爱丽丝——而不单单是女性。也正因为这样,我们发现还没有买房的消费者越来越悲观。

如果说房地产热潮有什么影响,那就是对中国农村女性的赋权。因为她们在大城市里比大多数男性挣得多,但她们只能在农村老家买房子,因为房价更便宜。传统的性别角色已经过时了。因为脑力劳动,而不是蛮力,能转化为工资更高的工作。这种性别间工作角色的转变有力地解释了城市地区鲜有谈及性别不平等的情况。城市的男女人口比例是110—112比100,接近自然103—108比100的比例水平。

当经济增长越来越趋向于服务业,女性比男性获得了更好的工资更高的机会,两者间的差距不成比例。一个生动的例子是上海钟点工的平均月薪在4000元到6000元之间,大约660美元到1000美元。各类低端工作的薪水都在上涨——男性和女性都会涨工资,但女性的工资涨得更快。2014年中国32个省份和地区中有26个提高了最低工资水平,平均上涨幅度为18%。即便像广东深圳这样的富裕城市,也大涨了13%。虽然中国的中产阶级越来越悲观,低收入人群却成为了全国最乐观的主要消费群体。

在白领群体当中，也是女性的工资涨得更快。一位世界500强公司的人力资源经理告诉我，她会主动招进更多女性，因为女性更容易培训，也不像男性那样频繁跳槽。我想起了北京的王波，似乎每隔几个月就换一次工作，而爱丽丝自从毕业之后就一直留在同一家公司上班。因为这个原因，《财富》杂志排名前1000的企业里，在文职工作岗位上，女性员工的数量远超男性，前者与后者的比例约为3比1。

来认识一下冯胖。她说她29岁，但看起来要老很多。她的双手因为体力劳动而粗糙，皮肤则因为在太阳下经年累月地暴晒而变得干涩如革。她的绰号也暗示出她的体态比丰满还要更丰满一些（在中国，人们往往出于喜爱才会给人取像胖或者肥这样的绰号，通常并不认为这类字眼是侮辱）。冯胖来自如皋，中国东部沿海的江苏省的小县城（按中国标准来说）。她在街边摆摊卖衣服，一个月赚250美元。但对她来说，未来就是现在。她的消费习惯跟许多经济学家以为的低收入群体的花钱方式截然不同。

她现在比以前更有钱一些，但不会买更多的跟她收入水平相符的产品。比方说，她不会因为健康而去买更便宜的馒头和大米，而是减少进餐次数，以便更频繁地到中产阶级的餐馆吃饭。她偶尔去星巴克买5美元的大杯拿铁，会给她5岁的女儿买乐高玩具。

我和许多品牌的经理聊过，他们认为穷人只会去买那些以穷人为主要消费群体的产品，并且对越来越严重的收入不平等充满愤怒。但是CMR的调研结果也许会令人惊讶。结果显示中国的低收入群体普遍持有明显的乐观心态。2014年他们的收入激增，但食品价格通胀率仅停留在2%的水平，远低于2008年到2011年间10%到

15%的范围。对于众多品牌来说，理解低收入群体的想法以及他们会如何花费可支配收入，在今后十年里非常关键。

阿巴吉特·班纳吉和埃丝特·迪弗洛在他们的著作《穷人经济学：对全球战胜贫困的再思考》里发现，低收入人群随着财富增加不仅会购买更多便宜的东西，往往也会购买更多昂贵的东西。班纳吉和迪弗洛在研究中显示，贫困的印度尼西亚人并不会随着收入的增加而摄入更多的碳水化合物，比如米饭和馒头这样的食物。相反，他们往往购买更多昂贵的包装食品，常常会为此而饿上几餐。如果他们一直买便宜的东西，就买不起包装食品了。

我在对中国低收入消费者进行调研的时候也发现了类似特征。低收入人群有钱的时候，想买的东西和中产阶级同龄人想要的东西一样，就像小杨买手机和冯胖买星巴克那样。我采访过许多异常苗条的女性，她们承认不吃午饭，为了那些她们梦寐以求的东西和体验而攒钱。

人们开始流行把钱花在手机游戏和包装食品上（花一小笔钱就能享受"一杯奢华"，例如星巴克拿铁和哈根达斯冰淇淋，或是不凡帝的糖果，包括曼妥思和绿箭口香糖）。对他们来说，放纵自己享受一下外国食品和饮料，能让他们显得见过世面，这和1990年代中国的中产阶级去吃肯德基的情况很像。

众多品牌和投资者往往错误地忽略了8.75亿生活在低收入范围内的消费群体。当我向一家常驻波士顿的私募投资者提议要分析低收入消费者群体时，她嘲笑了我。"他们太穷了，"她说，"了解他们想要什么，一点儿用都没有。"

然而数据则显示了不同的结论——中国低收入群体的收入只有中产阶级的一半，但是他们的收入每年增长20%，而中产阶级消费者的收入增长每年只有5%。低收入群体人数也比中产阶级消费者人数要多,大约是2.5倍,总数为8.75亿。他们渴望什么,将会成为许多品牌今后的主要增长点。和许多品牌在千禧年之交时错误地忽略了中产阶级消费群体一样,现在忽略低收入群体消费者就是犯错。

刘强东,京东商城创始人、首席执行官

刘强东是中国最大的电子商务零售企业之一京东商城的创始人。2014年5月京东商城上市,募得18亿美元,总市值达260亿美元,这让刘强东成为世界上最有钱的人之一,其个人财富飙升至61亿美元以上。京东商城上市时,是当时所有在美国上市的中国公司里最大的一家。刘强东毕业于中国人民大学和中欧商学院。他也在纽约的哥伦比亚大学学习过。他是中国最有远见的商业领袖之一。我采访了刘强东,想了解中国电商的崛起,并听听他对不断变化的中国消费者的看法。

雷小山:京东已经是中国最受信赖的品牌之一。尽管整体上来说,消费者不大愿意信赖零售商,但对京东的满意度非常高。你是如何建立起这种信任,又是如何确保高质量地管理供应链的?

刘强东:在中国市场,消费者最关心的第一条总是产品质量。近几年消费者越来越精明,越来越重视他们信赖的商品来源的价值。京东从很早就开始重视确保产品质量过硬,一直以来保证正品。一开始通过我们直接的B2C(企业对消费者)平台来管控,我们通过这个平台来进货并存留商品,最近我们对第

三方市场平台进行非常严格的管理。

我们进入市场平台业务时,希望坚持我们确保正品的责任。我们基于品牌可信度、体量和价格来选择供应商和第三方卖家。他们必须满足我们的要求,及时供应正品,并为消费者提供高质量的售后服务。我们对每一个供应商和第三方卖家以及他们的商品实施严格的检查,然后才会进入协议过程。我们检查他们的营业执照和产品的资质证书。我们也对他们进行现场调查评估。

如果我们的第三方卖家违反了市场平台的规则,比如说卖假货,就会受到处罚,包括从我们的平台上被剔除出去。

这样关注产品可靠性的结果是,京东的电商平台增速放缓,但是我们觉得品质管理做好了才能确保我们的长期增长和可持续发展。

我个人非常自豪能为市场上有品质的商品提供一个非常可信赖的销售渠道,有时候市场在这个方面面临许多挑战。我们的价格一直都很有竞争力,与此同时,京东也知道有品质的产品和可信度会让我们拥有忠实客户。

雷小山:考虑到物流方面的挑战,电商有什么潜力在全国拓展业务?

刘强东:早先,京东在中国最大的城市比如北京、上海和广州对消费者市场有很大的影响,在其他30个主要城市也一样。

在中国,电商的未来在于小城市。从我们的在线零售订单量上来看,像广东、江苏和浙江这样的沿海省份居于我们销量的领先地位,而不大富裕的内陆省份则显示出较快的增长。2012年,从在线零售订单增量来看,宁夏、青海和贵州居于前三名,而京东也投入资本发展战略利用这种趋势。

2014年，我们着重强调了要在三四线城市加快市场渗透率的增长。我们基于对市场的了解和大数据资源，为三四线城市的消费者量身定做了一些产品，与此同时也加快了自营物流网络的扩展，增强了营销与品牌的活动力度。

我们已经在全国的主要市场通过自营的最后一公里无缝链接的配送网络，实现了当日送达或次日送达的配送服务。我们相信京东自有的物流网络已经成为我们的核心竞争优势，日益受到消费者的信赖。

我们也投入巨资构建自己的智能手机应用程序和移动平台，让我们更深入小城市市场，因为在小城市人们把手机作为最主要的上网工具。我们与腾讯的合作将会帮助我们加大在移动端的努力。我们跟微信有所谓的一级接入，意味着数以亿计的微信用户能够在京东上购物而不用离开微信——他们不需要直接上京东的网站或另外再下载一个单独的京东手机应用。

雷小山：城镇化的趋势（中国设定了目标，在今后几年将使城镇人口达到60%的比例）对京东和电商意味着什么？

刘强东：在中国，电商发展的趋势不可避免。京东让买正品变得如此简单可信，所以我们确信消费者将继续向这个方向发展，无论他们是在城市还是在农村。城市人口的增多显然让我们更加容易将自营的无缝物流网络规模化，但是在农村地区的消费者也非常注重我们的产品能保证正品以及海量的选择类别，因为如果不在京东，可能在他们本地市场上买不到。

虽然大城市的收入比全国其他地区的收入都要高，但内陆省份和小城市的收入增长很快，而我们也预期这些小城市的消费者将会帮助我们推动增长。为了对这一趋势做好准备，我们计划进一步深入三四线城市,为消费者设立和运营更多的自由仓库和物流设施以及最后一公里无缝配送服务。

雷小山:在中国,电商持续增长的最大挑战是什么?

刘强东:京东一直认为,中国电商最大的两个挑战是物流和产品可信度,这也正是为什么我们会优先考虑这两点的原因。我们自营的全国物流网络解决了第三方快递服务不可靠的问题。在支付方面,我们对所有直接从京东购买的订单提供货到付款服务,而我们市场平台的许多卖家也接受了货到付款方式。更重要的是,京东收购了网银在线,这是中国最先进的在线解决方案提供商之一。我们相信为支付方式提供多种多样的选择,将会促进消费者在整个京东平台进行消费。

尽管在线零售市场增速迅猛,当在线零售商试图在更多地区接触更多消费者的同时,要维持或提高质量与效率仍是一大挑战。也正是出于这个主要原因,京东一直重视投入和构建自营最后一公里无缝配送网络。物流特许经营模式或物流分包模式,往往只能提供附加值有限的服务,我们不相信这些模式能够做到京东可以提供的个性化定制配送服务。

雷小山:为什么在中国,生鲜电商能做得这么好,而在美国基本上都失败了?消费者的退货量大吗?

刘强东:在美国你会发现一些网售生鲜服务在大城市成功运营,但是在中国,网售生鲜的机会要大得多。消费者习惯在京东上购物能当日送达或次日送达,这也让网购生鲜更容易实现。另外,京东有一个线上到线下(O2O)业务,与本地超市合作,提供30分钟内送货服务。通过充分利用现有的配送网络,我们能大幅度增加消费者可以从这里获得的服务。

设计产品时牢记收纳空间有限

总部位于新加坡的按摩椅制造商傲胜,过去卖给中国消费者的按摩椅往往大得把人罩住。虽然傲胜的按摩椅很舒服,但是在中国市场对消费者没什么吸引力,因为太大了,中国式的公寓里放不下。

2013 年,傲胜推出一款空间节省型按摩椅,外形较小。椅子方方正正,直角造型,能最大程度地利用空间,在展示间里一推出就被一抢而空。推出这款产品的时间恰好赶上按摩水疗价格上涨。比方说,广受欢迎的足疗连锁店康骏按摩养生会所的按摩价格五年间从 68 元涨到了 188 元。更小的按摩椅和上涨的按摩价格两种因素叠加,让按摩椅变得特别有吸引力。

同样,施坦威和雅马哈这两个钢琴品牌力推立式钢琴,从三角钢琴那里赢得了市场份额,这些钢琴更小更节省空间,但也能满足家长们充实孩子心智的要求。

关键行动项目:家中有限的空间是决定消费者选择购买何种商品的主要因素。众品牌需要像傲胜这样创新,设计出能在最大程度上储存收纳的产品和包装,体积要小,能堆叠。推出不同版本的包装,比如给洗手液设计袋装的补充装,会受到消费者欢迎,因为他们会购买一个较贵品牌的压泵式包装洗手液,用完后买较为便宜的袋装洗手液灌满泵瓶。

强调现代的中国文化传统

凉茶饮料加多宝,还有个更有名的称呼叫做 JDB,在中国许多省份，加多宝比可口可乐和百事可乐都卖得好，尽管一罐加多宝的价格差不多要 1 美元，比可口可乐和百事可乐贵了一倍。他们是如何做到的？正是强调了根植于传统的现代中国市场。

所有年龄段的中国消费者都相信传统的中医药理论，这种理论指导他们吃什么，包括把食物分成寒性和热性。油腻的食品，比如火锅、炸鸡和薯条被视为热性食品，会让身体上火，造成皮肤问题，比如长痘痘。JDB 把自己定位为不仅好喝还能帮助降火的饮料，使用了由一家百年中国制药公司授权而开发的配方。较低收入群的中国人往往会吃一顿麦当劳犒劳自己，但也会为了健康喝凉茶降低油炸食品的热性。

JDB 在广告里用了俊男靓女，在海滩上快乐嬉戏，把凉茶这种传统的中国文化变得很酷，很激动人心，与年轻消费者产生关联。

还有一个生动的例子能说明消费者开始对传统中国文化抱有自豪之情。叶明子，英文名字叫做温迪·叶，她是叶剑英元帅的孙女，也是我妻子的表姐。叶明子是知名的高级定制晚礼服设计师和电视才艺竞赛的评审，她也为施华洛世奇和更经济的品牌设计产品。她的目标是在当今的艺术界和时尚界为中国传统带来更多的创新和尊敬。她告诉我中国人不想再继续抄袭西方人的东西，而要为中国创造独特的东西，为中国人的文化感到自豪。

她基于故宫带来的灵感创作了一幅生命之花的主题图案。叶告诉我："中国人应该尊重传统，但也要将传统现代化。"

关键行动项目：消费者往往愿意购买根植于传统中国文化的品牌，也愿意为此花更多钱，比如 JDB。中国人的民族主义正在崛起，具有中国味是个值得自豪的标志，这也解释了叶明子的作品为什么受欢迎。对于外国品牌来说，洋气已经不足以吸引人了。

第八章
看 世 界

2014 年军事政变前，泰国成为了中国游客最热门的目的地之一。因为受喜剧片《泰囧》的鼓舞（这部电影 2012 年上映，成为首部票房破 10 亿人民币的国产电影），中国游客蜂拥而至来到微笑之国。

电影上映前一年，有 170 万中国旅客到泰国旅游，而 2013 年，中国游客数量达到 470 万。相较之下，美国游客数量在 2006 年至 2010 年间，从 694000 跌至 611000。2013 年，CMR 调查了八个城市的 1000 名消费者，有 87% 的受访者表示今后五年内打算去泰国旅游。

一个阳光灿烂的日子，我在安达曼海边的海滩小城寇立和泰国最大的一位酒店投资者见面。当我们坐在摇曳的棕榈树下，头顶艳阳喝着椰奶的时候，这位酒店大亨告诉我，他在普吉岛的顶级奢华酒店里有 70% 的客人来自中国大陆和俄罗斯，而三年前只有 5%。相比欧洲游客，这些新来的客人出手更为阔绰，住最贵的套房和别墅。

他面临的问题是，主要客户群法国游客和德国游客消费缩减，我们制定策略，考虑如何吸引更多的大陆游客到他的酒店物业来，他突然说："我不是很确定是否要继续在我现有的酒店里迎合大陆游客。"

他的说法把我吓了一跳。他为什么不想吸引一个增长迅速而且高消费的客户群？我们刚刚还花了两个小时讨论，有哪些方法可以吸引这个群体的更多客户，所以我有点儿摸不着头脑了。

我再三要求这位酒店大亨讲讲他为什么改变心意。他找服务生要了一瓶冰啤酒，然后叹了一口气。他说："中国游客的问题是他们的需求和欧美游客的太不一样了。我真的能迎合所有的客人吗？"

中国人，他说，希望气氛活跃、热闹的环境，想在这种环境里购物，在树荫下的泳池区域玩热闹的游戏，并成群结队地用餐；而欧洲游客更喜欢宁静、回归自然的体验。换句话说，两种文化的需求之间差异太大，他担心会造成文明的冲突。

"当中国人、印度人和俄罗斯人来的时候，我们会迎合他们的需求，开设购物中心，或布置好团餐大桌，我们发现这和欧洲人的需求产生了冲突。欧洲人离开去更安静的酒店。我们也看到欧洲人离开普吉岛去寇立、甲米和其他更安静的地方。"

这些话说得没错也很有道理，我心想。在接下来的几天里，这位酒店大亨和我讨论了他面对的两难境地。一家酒店能不能充满活力又安详宁静？你能不能满足所有群体的需求而不造成冲突，也不会让成本急剧上涨不可控制？还是说这位酒店大亨应该推出一个或收购一个新品牌，以面向不同的客户群？

这位酒店大亨面对的挑战不仅局限于酒店业，因为中国人在全世界旅行，并且他们的喜好和其他国家的消费者不一样。比如说，新秀丽在中国被认为是一个高级的奢侈品牌，但在美国是个中档品牌。中国人在中国光鲜亮丽的购物中心里买到的新秀丽行李箱，在美国却是在打折连锁店里出售，新秀丽如何应对中国人的反应？另一个例子是蔻驰，它在中国是最热门的品牌之一，但在美国已经过气了。如果中国女性在美国打折商店的折扣花车上看到蔻驰，或在并不时髦的美国中产阶级身上看到它，还会不会继续买这个牌子呢？

一些企业也许需要推出子品牌，花钱翻修店面和打广告，以吸引更多的客户群，提高品牌的全球定位，或在一年的不同时段针对消费群力推营销活动。

我的儿子汤姆向我跑来，握紧我的手。“你看到那条鱼了吗？”他眉开眼笑地问我。“它好大！”他开始背诵在学校里学到的各种鱼的种类。

我们在迪拜棕榈岛上的亚特兰蒂斯度假酒店，中国的旅游手册上强调说这是世界上第一家七星级酒店。我们透过从地板到天花板好几层楼高的玻璃观看亚特兰蒂斯的私家水族馆。

我走进酒店大厅看到墙壁上凸起的各色马赛克瓷砖，脑海里想到一个词，太赞了。悬挂的雕塑更添一丝庄严，墙壁上的瓷砖排列成海底世界造型，细致入微，复杂多样令人震惊。

我朝莎莎走去，这位朋友在酒店大厅的餐厅里闲逛。我以为她会喜爱这家酒店。她说她喜欢，但是她一脸失望的神情。我问她为什么这么低落。怎么会有人不喜欢如此富丽堂皇的地方呢？我想。

“这里中国人太多了，”她闷闷不乐地回答。“我只喜欢去没有太多人的地方，这样回去的时候就有一些比较特别的事情可以讲给别人听了，”她接着说，“我也喜欢在微信上分享旅行照片，但如果别人都来过了，发照片还有什么意思呢？”

在微信上分享经历已经取代购买奢侈品，成为彰显身份地位新的象征。以前，人们拎着古驰包展示给周围的人，以此获得优越感，但现在通过社交媒体与朋友分享经历成为获得优越感的新方式。你打开微信的时候，总能看到大家发照片晒他们异域风情的旅游地或美食。莎莎进一步解释：“显然这家酒店本身美极了。我只是想去一个没有别的中国人去过的地方。”

我环顾四周。大厅里满是中国人。这是中国春节期间，看上去全中国都搬到酒店里来了。传统的中国新年是人们回老家的时候，但是现在流行带着全家出国过春节。中国国家旅游局估计，仅2014年春节就有450万中国人出国旅游，同比增长12.5%。

亚特兰蒂斯在大陆游客当中太火了，中国大型企业复星集团打算建造两个亚特兰蒂斯品牌的酒店，一家在海南的三亚，另一家在上海迪士尼乐园附近。2013年复星宣布，将投资1000亿人民币打造旅游相关项目，这还不包括它所持有的普及了一价全包模式的法国酒店连锁地中海俱乐部公司的股份。

我和一群朋友在迪拜旅游，其中有些是中国最有钱的人。我们都没有去过中东，所以我们带着孩子去参观阿布扎比的谢赫扎耶德大清真寺和法拉利世界，并且坐路虎敞篷车探索沙漠。

过去十年，同一群人每年都会一起出去度假。十年前，我们去杭州、周庄以及旅游指南里写到的中国大陆一些常规的旅游城市。然后我们越走越远，去到西藏和四川的九寨沟。

接着，我们出境旅游，去香港购买奢侈品。后来，买奢侈品变得很普遍，购物也没那么重要了。我们去泰国旅游，去巴厘岛体验海滩生活，走得越远，地方越独特越好，远和独特成为了旅行的意义：夏威夷毛伊岛，塔斯马尼亚，甚至南非都成了目的地。

而现在当我们决定去哪里旅游的时候，首先要考虑，第一确保所有人都能拿到签证；第二，要找那种千载难逢的，其他中国人都没感受过的体验。就像莎莎说的，她“要去没有别的中国人去过的地方旅游”，并且在微信上分享照片。

现在很难找到中国游客很少的地方。比如说印度洋阿拉伯海的岛国马尔代夫，那里的酒店房间一晚要 1000 美元甚至更多，而这个地方成为了中国人必去的国家之一。根据马尔代夫旅游艺术与文化部的数据，中国游客占到赴该国旅游的绝大多数。2013 年前七个月，有 103743 名中国游客到马尔代夫旅游，比 2011 年同比上涨 66%。2013 年，来自英国和意大利的游客数量位居第二和第三，分别是 60021 人和 53493 人。非洲岛国毛里求斯也很受欢迎，毛里求斯旅游推广署的数据显示，2011 年到 2013 年两年间，中国游客的数量翻了一倍，从 20000 人增加到 40000 人。

中国人选择的旅游地点风情越独特越好，而且很少会故地重游。我在美国圣保罗预科学校的同学们，通常每年夏天都会去汉普顿或者南塔克特度假，我的中国朋友和他们不一样，他们很少再去去过的地方。

CMR 的调研发现，中国人度假很少两次住同一家酒店，停留的时间也更短。游客们通常会一个星期内尝试五家酒店。他们要尽可能地多见世面，因为他们年轻的时候受到金钱、护照和签证的制约，不能去海外旅游。

去风情独特的地方旅游的趋势并非仅限于富裕人群。早在 2008 年，迪士尼负责设计主题公园的幻想工程部的一位主管，委托 CMR 调查中国消费者最喜欢的旅游目的地。他想知道中国游客要去那些新鲜奇特的地方，还是那些经久不衰的旅游地，比如巴黎，并由此来设计迪士尼上海乐园——我们发现即便在那个时候，消费者也对少有人去的地方最感兴趣。当然，他们都想以后去看看巴黎和罗马，但他们真正梦寐以求的是那些不落俗套的目的地，比如新西兰、马尔代夫和毛里求斯。他们渴求新鲜的体验——他们不想效仿其他人。

出国旅游不再只是富人的事，一大批中国的中产阶级也到海外旅游。2013年，1.13亿中国人出国旅游，是2010年5000万这个数字的两倍多，而1990年代只有几千人。CMR预计到2018年，每年将有2亿多人出国旅游。CMR在15个城市对2000名消费者进行调研发现，中国人出国旅行的主要原因是"见世面"和"尝试一些新东西"。中国游客成了新一代的日本游客，从酒店到餐饮到零售，颠覆了整个旅游业。

举个例子，春节黄金周的零售业销量增长从2013年的14.7%放缓至2014年的13.3%，但与此同时出国旅游增长了12.5%，因为消费者重新考虑消费的优先顺序，应该把钱花在什么地方的想法和以前不一样了。在海外的花销骤增，因为在海外购物会留下回忆，价格也更便宜。

中国银联的国际业务分支银联国际，考察了中国游客的习惯。银联国际发现2001年到2014年之间，住酒店的花销年复合增长率为40%。而2013年和2014年之间，餐饮方面的花销年复合增长率为65%，娱乐方面的花销年复合增长率为60%。

尽管中国游客会带来很大的商机，许多国家还是对中国游客获得签证设置了太多障碍。比如说我去年去南非旅游，一个朋友就不能跟我一起去，因为她无法及时获得签证。南非政府要求的签证材料比她买房需要的材料还多，她说，所以她放弃了，转而去巴厘岛度假。

这种官僚式的障碍就是个错误。现在中国游客是全世界人数最多的旅游群体，也是海外人均花销最多的群体。他们到美国旅游人均消费7500美元，也是2012年伦敦奥运会期间人均消费最高的游客群体。

度假目的地，例如巴厘岛、印度尼西亚、济州岛、韩国和柬埔寨已经抢先一步开通了落地签或电子签，让游客获取签证变得轻松容易，从而让这些地方见证了游客人数猛增。但是像英国、美国和意大利还落在后面，对中国游客的签证申请不够精简。

2014 年的一天晚上我见到王艳（音译），她在她那摇摇欲坠的店铺里卖如新集团的个人护理产品。她那时候一个月赚 800 美元，几乎是她几年前卖盗版 DVD 时收入的两倍。她老家在贵州，是中国最贫穷的省份之一，34 岁的王艳一头乌黑的短发，穿一条时尚的蓝色牛仔裤，一件黑色紧身 T 恤。

她把一支面霜卖给一位老太太的时候说："我想要见世面，看看新的文化，做其他中国人以前从来没做过的事情。"她掏出手机，给我看她去过的那些风情独特的地方的照片。

她去过泰国、柬埔寨和法国，目前正为她最大的一次行程攒钱。她打算去埃及或是毛里求斯；她还没想好，但肯定是要去非洲。一想到她挣得这么少，却去过这么多地方，我非常惊讶。

石油价格高涨让交通费用变得昂贵。我问她是怎么旅游的。"我总是坐最便宜的交通工具，无论是红眼航班还是火车。我甚至坐巴士去缅甸，"她说。

回答得很有道理，也解释了为什么航空公司设置那么多从中国飞往东南亚的红眼航班。红眼航班省时间也省钱——大多数职工一年在 11 个国定假日之外，只有 5 到 10 天的年假，坐红眼航班还能省下两个晚上的酒店钱。穷游旅客更喜欢把钱花在观光和购物上，而不是交通。

有一家专门做中国人去东南亚旅游的中介告诉我，中国人只住廉价酒店，为了省下钱在旅行途中购物。当王艳把另一支面霜卖给另一位看起来五十来岁的女士的时候，我问她是不是这样。

王艳说她某种程度上同意这个说法。她说，绝大多数晚上她总是住廉价酒店——“旅行的时候我绝大多数时间都在酒店外面，所以我会找廉价酒店，”她接着说，“但每次出去玩，要么第一晚，要么最后一晚，我会额外花钱住奢侈酒店，享受一下。”她说最近一次去缅甸，她住了一晚香格里拉 400 美元的房间，相当于她半个月的收入。

王艳喜欢自己规划行程安排。以往中国人跟团旅游，通常是被迫的，因为签证政策不便于中国游客单独出行，也因为他们出国少，害怕自己出行。但是这种局面正在快速改变。CMR 调研发现，35 岁以下的中国人偏好自己预定行程，按自己的节奏去自己想去的地方。

正如我和王艳聊的那样，中国的中产阶级和美国的中产阶级的消费习惯截然不同。许多美国人会全程住三星级酒店，但中国人会时而住五星级，时而住一星级。吃的方面也是，消费者要么选择非常便宜的，要么选择非常贵的，消费模式是沙漏形的。王艳说：“我会自带方便面省下吃饭的钱。”

这也说得通。有一次我住在三亚御海棠酒店，这是喜达屋集团旗下豪华精选系列中的一家，是我住过的最美的酒店之一。每当我路过客房打扫的推车时，总会看到推车里堆满了丢弃的方便面包装。餐厅通常空无一人。

许多五星级酒店的客人，就算住最贵的酒店的客人也一样，对价格很敏感，是为了体验真正的奢华而存钱享受一晚的贵价酒店。他们并不真的消费得起酒店的餐饮，所以会随身带一大包方便面。通常他们会为了在微信上与朋友分享照片而在酒店餐厅吃一餐，但大多数时候吃得很抠门。

我和王艳告别，她让我过几个月再来，她会给我看这趟即将到来的旅行照片。一想到下一个要去游览的地方，她就笑容满面。

阿扎伊·泽查坐在对面，韩国烤肉店里热腾腾的烧烤隔在我们中间。我们俩来首尔是为了参加圣保罗学校的亚洲委员会会议，我们都是这个学校毕业的，但是泽查还要在韩国南部为一家酒店考察备选地址。

泽查为吉合睦酒店管理集团做业务发展，这是一家时尚的酒店连锁集团，旗下包括巴厘岛的雷吉安酒店和马尔代夫的达帕鲁祺邸度假酒店。这家酒店连锁以创造独一无二的生活方式体验而闻名，它强调地理位置与当地文化的融合，吸引的都是品味精致、富裕考究的客人。

泽查的血液里流动着从事酒店管理的才华。他的父亲，艾德里安·泽查是安缦连锁度假酒店的创始人，安缦是全世界最高端的度假连锁酒店，并且也是吉合睦的非执行主席。

“干杯，”阿扎伊·泽查说，跟我碰杯，然后我们小酌一口烧酒，这是一种韩国的米酿烈性白酒。泽查透露了吉合睦在中国的战略：“我们计划在中国新开十几家酒店，因为我们看到有这样的需求，越来越多的中国人在我们中国和全球的酒店里度假。”我问他中国人是否喜欢吉合睦这种更强调私密体验的品牌定位。

“为中国市场制定发展战略是我们最重要的一项任务，”泽查回答，因为吉合睦看到过去几年中国游客数量大增——甚至有一位中国人买下了吉合睦在欧洲一座数百万美元的公寓。

“中国人品味越来越高,也越来越挑剔,”泽查解释说,我正把一块汁水丰盈、雪花完美的牛肉送进嘴里。没什么比韩国烤肉更好吃的了,我心想。泽查接着说:“现在已经不是越大越好了,而是越独特越好,而吉合睦提供的恰恰就是这种体验。”

吉合睦定位精准,抓住了需求的转变,突出个性化和本土化。对于许多中国人来说,纽约、巴黎和米兰看起来一模一样的标准化酒店已经过时,中国人需要在更私密的环境中体验当地的文化。

就算是地段绝佳的传统五星级酒店,也开始感到如果不调整就会吃苦头。上海的锦沧文华大酒店就是一个绝佳的例子,酒店拥有宽敞的大堂,七层楼高的天花板上垂下气势恢宏的水晶吊灯。这家酒店是中国最早也是最受欢迎的五星级酒店之一,但是因为消费者避开标准化的酒店连锁转而去更加独特的精品酒店,2013 年上海锦沧文华大酒店关门停业。

泽查特别指出消费者转向偏爱独特的住店体验,这和硬石国际公司的首席营销官约翰·加洛威跟我说的很相似。硬石国际原本以硬石咖啡连锁、摇滚乐和标志性品牌的服装与配饰而闻名,近年来进军酒店业和博彩业,在那些希望得到创造性的、有音乐灵感的住店体验的消费者中成为热门首选。

加洛威告诉我这家公司开始观察到,近几年在他们亚太区的酒店中,巴厘岛、芭提雅、泰国和澳门酒店的中国客人数量大增。

绝大部分中国人还未对某个酒店品牌形成客户忠诚度,但是硬石通过创造一个坚实的小众市场,在寻求音乐灵感体验的客户中培养了忠诚度。这些忠实的中国消费者买遍了硬石生活方式的所有产品,和美国和日本的消费者差不多。他们开始选择硬石旗下不同的酒店,就算不住硬石酒店也要在硬石咖啡就餐,买硬石的 T 恤衫和其他配饰。

这家公司决定大步挺进中国市场,对中国市场的运营进行战略性的改革。硬石关闭了北京一家没有达到全球标准的特许经营咖啡店,跟其他店面相比,这家被关的店不够独特与时髦。

硬石期望能以正确的定位重新回到中国市场,它找到了观澜湖高尔夫度假村合作。它们在深圳和海南岛海口的观澜湖高尔夫度假村开了两家音乐主题的酒店。观澜湖是对中国市场洞察力最强的企业之一,它认为硬石品牌符合消费者与日俱增的期待表达创造性和寻找新鲜事物的需求。

硬石坚守核心品牌的DNA,在开发酒店的时候从一开始就把中国消费者的需求铭记于心,比如他们需要哪种音乐,哪种灯光,哪种洗漱用品。比方说,他们不会一模一样地提供美国人喜欢的音乐,而是给出一张混合型的歌单,在提供中国和亚洲的流行音乐同时,也向消费者介绍和引导西方音乐

CMR访问了1000个中国人,向他们展示酒店设计的模拟效果,受访者表示对硬石的概念“很兴奋”,因为它“有创意”,“独一无二”,并且同标准的万豪酒店以及假日酒店提供的体验“不一样”。比较年轻和富裕的消费者说,他们尤其渴望更多像硬石提供的那样独一无二的住店体验。

一位34岁的北京男性告诉我:“我住腻了中国一模一样的五星级酒店。它们看起来都一样;很难区分。当我想轻松一下,跟朋友和家人一起尝试新东西的时候,就对硬石的概念很动心。”

住过国外硬石酒店的中国人反响尤其好。绝大部分人告诉我们,他们“肯定会再次入住”,因为他们喜欢酒店的概念,住店的时候感觉“有创意”。

对于旅游行业的公司来说，了解消费者的需求并提前做好准备非常关键。可能这看起来像是一个很基本的建议，但令人吃惊的是，并非所有公司都像硬石、吉合睦或更大的酒店连锁比如香格里拉这样了解客户的需求。中国人的习惯和西欧与美国消费者的习惯很不一样，不同的客户群体之间又各有不同。他们的演化为小众品牌创造了很大的机会，例如硬石和吉合睦，但对于长期占市场主导地位的更大的品牌，比如万豪和喜来登来说则意味着挑战，因为传统的五星级酒店市场竞争已经非常激烈了。

中国消费者就像1980年代的日本游客那样，将会继续颠覆旅游业以及相关行业。了解这些机会，并进行调整以利用中国消费者带来的上涨趋势，对旅游相关行业的公司来说非常关键。

戴福瑞，去哪儿网联合创始人

戴福瑞（Fritz Demopoulos）毕业于加利福尼亚大学洛杉矶校区安德森管理学院，他于1997年初到中国出任新闻集团的管理层。鲁珀特·默多克曾经表示说，他只能在娱乐和体育业赚到钱。戴福瑞受到默多克的启发，开设了一家体育网站，鲨威，后来卖给了Tom.com。卖掉鲨威之后，戴福瑞成为网易的业务发展副总裁，然后创办了去哪儿网（Qunar.com）。2011年百度以3.06亿美元的价格购买了去哪儿网的多数股权。

戴福瑞现在管理运营皇后资本，一家专注于数字领域全球机遇的私募公司。他把精力集中在面对消费者的移动与互联网项目上，包括在线旅游、电商以及娱乐。他也积极参与亚洲社团和青年总裁组织的活动。2005年我初次见到戴福瑞。我问他如何看待中国的旅游业以及中国游客不断变化的需求与渴望。

雷小山:创办去哪儿网的想法是怎么来的?

戴福瑞:我与另外两位同仁一起创办了去哪儿网,一位是庄辰超,他是来自中国大陆的技术天才,还有一位是来自马来西亚的网络营销专家道格拉斯。我们三个一起创办了鲨威体坛,是一家总部位于北京的体育门户网站,后来被和记黄埔旗下的Tom.com收购。创办鲨威之后过了几年,我们三个坐在香港机场大巴车站的星巴克里,决定再创办一家公司。那时候我们的灵感来自谷歌。截至2004年底,谷歌最大的营收来源就是旅行广告,可能今天还是如此。我们想,能不能创建一个比谷歌更有吸引力的平台?能不能创造更好的用户体验和产品体验?

今天我不是去哪儿网的代表,但是从我的角度来看,去哪儿网是在线旅游领域最激动人心的公司之一。消费者头一次能面对一系列行程预定服务的选择,而旅行服务供应商也能拥有效率极高又非常专业的分销与销售渠道来争取客户。

公司头几年举步维艰。虽然我们创造了一个非常神奇的产品,但是费了不少劲吸引用户。很可能我们推出市场太早了,有利有弊。那时候我们最大的优势是,我们有时间创造一个特别好的产品,招聘到一个出类拔萃的工程师团队,并给其他竞争者制造了一个很高的准入门槛,之后其他人才明白我们在做一件大事。

雷小山:你觉得为什么现在有这么多中国人出国旅游?你觉得最快的增长和最大的机遇来自国内旅游还是境外旅游?

戴福瑞:总的来说,中国人出国旅游的增长,标志着中国消费者的崛起。过去几十年的经济增长非常惊人,消费者的购买力也大幅上升。的确,许多分析师都表示,旅游方面的花费增速是国内生产总值增速的好几倍。对许多产品类别来说,中国已经是世界上最大的市场之一,比如移动设备、汽车以及啤酒。旅游产品和服务方面,也可以这么说。

中国消费者和许多其他市场的消费者并没有根本的不同,他们都热衷于探索这个世界。事实上,出国旅行是一项"被高度渴望"的产品,这跟买宝马车、施华洛世奇水晶、香奈儿太阳镜,以及购买美国高端超市迪恩德卢卡的咖啡和高端的苹果 iPad 是一样的。

虽然境外旅游增长非常可观,国内市场也有很大的潜力。和许多历史悠久的大国一样,中国国内也有特别多可看可玩的地方。此外,对国内旅游基础设施的投资增加,让许多国内旅客非常心动,这让他们能更加轻松地在中国享受旅游景点和体验。

雷小山:你认为中国人出国旅游时所追求的东西有哪些变化吗?

戴福瑞:近几年中国游客更关注购物,而对购买服务的兴趣不大,比如住高端或独特的酒店,做水疗和就餐等等。但是我们也看到了一些消费习惯的转变,中国游客在购买奢侈品之外,购买的服务也显著增多。

另外一个有趣的趋势就是,中国游客这个群体的兴趣开始分化。以前,就算不是所有的,也是绝大部分的中国游客喜欢去知名度最高的那些地方,比如巴黎、伦敦、威尼斯和其他一些著名景点。但是现在消费者的鉴别力越来越强,游客的经验也越积越多,消费者表现出更偏好去那些与众不同的目的地。

与上述趋势同时出现的现象是,消费者更倾向于自由行,这意味着放弃参加传统的旅游团。的确,第一次出行的游客和不太富裕的消费者可能仍然更喜欢团队游。但是,经验丰富的游客和那些购买力更强的人更喜欢自由行。

雷小山:中国游客同美国与欧洲游客出行的时候,期望的有所不同吗?

戴福瑞:据说,美国人会在全世界所有地方的星巴克排队,英国人会找酒吧,法国人抱怨再也没有人说法语了,而中国人则不停地找路易威登和苹果的专卖店。抛开这些不谈,我认为思想独立、经验丰富的游客大体上的偏好是一样的。中国人、美国人和欧洲人都很享受独一无二的经历,优质的服务以及写信回家时能提到的趣事。

说了这么多,那些经验不太丰富的参团游客可能有其他一些偏好。

中国人不大喜欢日光浴或在游泳池边休闲。他们总的来说宁愿参观最有名的旅游景点,购物或者赌博。对于奢华度假酒店和邮轮的经营者来说,这种情况可能具有挑战性。自信又有很多钱要花的人更倾向于尝试新事物,我也认为这种观察反映了出国旅行的中国游客的情况。

雷小山:许多人说中国人只是照搬了在美国成功的经验和事物,但你创立了一家创新型企业。你是如何做到的?在中国,创新最大的挑战是什么?从管理的角度来说,你是如何成功的?

戴福瑞:我们在全球看到了许多山寨企业。在投资团购企业的热潮中,显而易见,中国出现了上千个克隆的团购企业。但是,我们也在美国和欧洲看到了数以千计的克隆企业。有意思的是,虽然中国克隆企业盛行,但是给予这些克隆企业财力支持的大部分是外国投资者!

在美国,创新大多以产品和特色为导向,而在中国我们看到的更多是价值链和商业模式上的创新。不用说,我们的精神榜样是那些颠覆了各自领域的公司,比如百度、彭博社、亚马逊、奇虎和阿里巴巴。

我不认为在中国对创新有什么限制。在一个高度动态的市场环境中有大把的机会,在这种情况下速度与强大的执行能力比先有一个想法更加重要。我们有能力极强的专业人士,在鼓励质疑的文化中建立起我们的公司。换句话说,我们不断鼓励员工质疑公司里的每个人,改进他们的技能,增强能力,最终打造出一流的产品。

贵宾(VIP)项目:亚洲万里通

商家最大的机会之一,就是通过VIP项目培养消费者的忠实度。CMR采访过的绝大多数中国人说,他们对忠实度项目感到兴奋,但也有差不多比例的人表示,现有的VIP项目达不到他们的期待。有太多项目专注于提供折扣,而不是全球店面网络的优惠权益。

有一位经常在北京、欧洲和美国购物的百万富翁告诉我:"有一个很大的奢侈品牌让我很失望,因为出国旅行的时候我的贵宾身份无法显示。我在北京办的卡只能在中国用,这太荒唐了,因为我对这个牌子很忠实。所以说,VIP项目只能打折的话就没什么用了。"

众多公司应该参考学习亚洲万里通在消费者中培养忠实度所获得的成功。一开始,亚洲万里通是国泰航空和港龙航空两家公司的客户忠实度项目，后来它作为一个品牌独立出来，会员可以在500多家合作商户伙伴赢取积分，并在全世界九大类别商户那里兑换积分，包括酒店、餐厅和金融服务。

亚洲万里通的首席执行官黄思远告诉我，他如何为这个项目创造独特机会的经历。黄是斯坦福大学和密西根州立大学的毕业生，他非常重视为他的会员增值，以至于往往会自己为贵宾会员构想一些积分兑换的选择。

黄的努力成果斐然——2011年，亚洲万里通项目在《商旅》杂志亚太颁奖礼上获得最佳飞行常客计划奖项。

喜达屋优先顾客忠诚度计划，通过创造难忘的有中国特色的客户权益，也在中国培养了忠实客户。会员不仅能用积分兑换酒店房间，还能兑换门票，在梅赛德斯-奔驰文化中心喜达屋的豪华包厢观看著名脱口秀演员周立波的演出。

关键行动项目：众品牌应该为VIP消费者创造独特的环境和机会，就像亚洲万里通那样，而不只专注于打折。项目应该是全球通用的，而不只基于某个城市或国家，有太多VIP项目都是这样。

在同一次行程中培养品牌忠实度

许多西方游客喜欢在同一家酒店住上一个星期或者更久，而且年复一年去同一家酒店。大多数中国游客与他们不同，他们喜欢在一个酒店住一两个晚上，再换另一家酒店。他们也不太可能年复一年住同一家酒店——他们想要去新的地方。

越来越多的消费者，尤其是年轻的消费者，不想参加旅行团，但是他们对于在一个不会说当地语言也从来没去过的地方自行预定行程会感到紧张。他们往往对旅行社的忠实度比较高，而不是酒店品牌。

关键行动项目：酒店应该对于在一次行程中住同一个品牌不同店址的旅客提供折扣。同一个酒店连锁旗下的不同店址应该在旅行套餐和交通方面有更多合作，鼓励客户对酒店品牌形成忠实度。海南岛喜达屋酒店就是这样，提供住店套餐的促销服务，旅客可以在海南同一次行程中入住喜达屋旗下的不同店址，从一家酒店退房时拿到的餐饮券可以在另一家酒店使用。喜达屋通过让不同店址在餐饮券和住店套餐上进行合作，从而赢得消费者对品牌的忠实度。

第九章
食品安全：从鸡肉到咖啡

1990 年代我第一次搬去天津，那是中国第四大城市，满满当当住了 1000 万人，我最喜欢的一件事情就是尝试当地的美食。我骑着锈迹斑斑的四手飞鸽自行车，在马路边随处可见的摊子旁停下来，吃猪肉馅包子和炸豆腐。我的中国朋友们提醒我要小心卫生，但是我没怎么听进去。

一个温暖的夏夜，我在一个新疆风格的烤肉摊子上吃了一大口烤肥羊。我一吞进去就意识到犯了错误。嘴里突然爆发一股腐烂恶臭的味道。果然，15 分钟后我浑身疼痛急忙赶回家。一小时之内我开始发烧，体温 39.4 摄氏度。之后我一个星期都没有离开家，虽然我可能应该进急诊室才对。当我病愈后，腰围缩了 7 厘米，对于应该在哪里吃东西也算吃一堑长一智。

我在前一本书《廉价中国的终结》里提到，食品安全问题是驱动消费者饮食消费最大的主题之一。千禧之交的时候，中国人不再像 1970 年到 1990 年间那样，着急填饱肚子，他们更担心吃到劣质食品。因为受利益驱使，许多无良商贩出现了。他们把未经处理的自来水当瓶装水来卖，用有害的化学物质给蔬菜上色，或者干脆贩卖变质的肉类。

政府打击贩卖变质猪肉，结果 2013 年 3 月，有 16000 头感染了猪圆环病毒、长满脓包的生猪在黄浦江里腐烂发臭，上海有一部分饮用水源来自黄浦江。农民们因为无法卖出变质猪肉也付不起钱正常地处置掉，就把这些动物的尸体扔到河里去。

对食品质量的担忧也解释了西方快餐品牌，比如肯德基生意火爆的原因——他们提供原汁原味的西式用餐体验，供应卫生又标准化的食品。

消费者相信肯德基选用质量更好的原料，严格管控供应链。信任的程度如此之高，以至于2012年公司卷入供应链安全丑闻时，同店销售额锐减——消费者觉得被欺骗了。我的公司受一家对冲基金委托，追踪消费者对丑闻的回应。成都一位6岁男孩的母亲告诉我们："以前我带孩子吃肯德基，因为我相信它是健康的。但我不会再去肯德基吃东西了，因为他们看起来并不是那么可靠。"

肯德基花费数百万，更新菜单，提供打折优惠，装修店面，试图重新赢回信任。如果一开始就把钱和时间花在供应链管理方面，那就不必花这么多钱。就算费了这么多力气，可能也没法重新赢得它曾经享有的消费者的信任。

过去当投资者想要吸引中国新兴中产阶级的注意力的时候，百胜旗下的品牌是大家都要参考学习的榜样。2000年代初，百胜从中国这个市场获得的营收占到它总营收的40%，而且投资者更愿意信赖百胜的会计核算，而不是本地的竞争者，例如味千拉面和乡村基。

但是西方投资者往往忽略了肯德基如此受欢迎的原因。许多人告诉我价格便宜是最主要的原因。它的价格范围在20元到30元人民币一个套餐，可能在西方人看起来挺便宜，但是在肯德基连锁扩张所及的大多数城市，这个价格比当地大多数的就餐选择要贵。

消费者非但不认为肯德基是个低端餐厅，反而觉得它是一个正宗的国际品牌,值得信赖,定位高端——并不是一般消费或者低端的品牌。我记得1997年在天津生活的时候,年轻的大学生情侣会在那里约会。家长们给孩子的奖励是带他们吃肯德基。门店里有空调,干净的洗手间,甚至是免费的手纸,这些在那个时候还很少见。

肯德基只能将它困境的一部分原因归咎于食品安全丑闻,即供应商使用病鸡和注射了激素的鸡肉。在更大范围的竞争层面来看,品牌的情况越来越差。在一二线城市肯德基不再是个高端的地点,变成了一个廉价的去处。更高端的概念,比如火锅连锁海底捞,强调乐趣与出色的服务(服务员训练有素,甚至会在桌边载歌载舞,给排队候位的顾客提供棋类游戏),而定位再高一些的西餐,比如巴贝拉意式休闲餐厅,一家意大利式的连锁店,也抢走了市场份额。虽然全国范围内还没有一家公司能与肯德基的规模相提并论,但是它们合力逐渐瓦解了肯德基的主导地位。

与肯德基最初地位最接近的西方餐饮品牌是星巴克。中国已经成为这家咖啡连锁除美国外的全球第二大市场,并且预计会扩大在中国的规模,从2011年376家店面扩大到2015年1000家店面。年轻情侣到星巴克约会,朋友或生意伙伴也会到星巴克碰头,因为那里服务好,有本土化的饮品,例如绿茶拿铁,还有轻松的氛围。成都一位24岁的男性告诉我:“我带女朋友去星巴克。环境不错,东西有点贵,但买得起。”在美国星巴克,卖出的大部分是外带咖啡,而在中国,大多数人在门店里喝咖啡。这种情况造成了更高的单笔消费店租成本,但也增强了客户忠诚度。

随着消费者寻求更安全、更健康和与众不同的体验,他们在食品方面的花销也不断增长。进入餐饮行业的顶级品牌拥有巨大的商机。

饮料行业也见证了巨大的改变。以葡萄酒为例。习近平主席的反腐实际上为新的葡萄酒品牌和新概念的出现创造了机遇。消费者希望买到更经济、跟腐败没什么关系、不那么浮夸的品牌，新一波的葡萄酒饮用者群体正在形成，他们正在期望尝试不同产区的葡萄酒。

那一天就好像年迈时想起过往呈现的那种奇妙的完美画面。天色湛蓝，云朵像大朵大朵的白色棉花糖挂在空中。

我刚刚和家人抵达开普敦，到那里参加一个投资论坛发表演讲，然后度假，但是我打算先见一见威廉·吴。几天前我的一位朋友，也是中国最有钱的一个人，听说我即将去南非，就说我必须要见一见吴。他告诉我只要是从中国去南非的，无论是谁，都会去拜访吴。我们在开普敦下飞机几分钟之后，就乘上了吴派来的车，去距离市中心大约一小时车程的酒庄，途中经过开普敦的桌山，看到了茂密得惊人的植被。

吴在酒庄餐厅的门口迎接我们。吴一身简洁而有品味的黑色polo衫配白色便装裤。他一边说“欢迎来到南非”，一边和我握手，并摸着我儿子的头。他把我们领到餐厅里面，为我的妻子杰西卡和我倒了红酒。“像黄油一样，”杰西卡说，品味着红酒的味道。吴笑容满面，就像一位花了一整天时间烤蛋糕的厨师看到你狼吞虎咽的样子。

一年前的2013年，吴刚刚买下附近的芬沃登酒庄，寻求在矿业和制造业投资外的一种放松自己的方式。他是一家香港上市的金矿公司，坛金矿业的董事长，还投资了门类繁多的多家制造业公司。

在房间一角，一位上了岁数看起来像意大利人的男性坐在三角钢琴前演奏了一曲肖邦。我的妻子和儿子走到窗边，观看葡萄园四周连绵起伏的山脉，倾听着音乐。

吴指着那位钢琴师说："他是几十年前从意大利来的游客，之后就再也没有离开过南非。"吴30年前移居南非，那时候还是种族隔离时期，他也再也没有离开过，尽管他来南非的时候资产不到20美元，所有的家当都装在一个帆布包里。

他们没有离开的原因显而易见，我说，手势指向外面的自然风光和桌上的葡萄酒——这比我几天前在上海的灰色天空好太多了。一位侍者端上来一块肉汁丰盈、一英寸厚的丁字牛排和金黄酥脆的炸薯条。

我又喝了一口红酒，请吴再讲讲他的红酒生意是怎么开始的。他说他一开始在上海的家里吃晚饭的时候，与朋友分享他酒庄里的葡萄酒，没想到在中国朋友们当中大受欢迎。"我的客人开始问我一些深入的问题，包括酒的味道和制作过程。"几年前他们可能就只会问问一瓶多少钱，或是这个牌子名气多大，多么高级，他说，但是现在他们会询问葡萄的品种。

吴察觉到这是一个商机。中国人只为了炫富而买拉菲，却拿来兑可口可乐(2007年我在北京一场高级晚宴上的真实经历)的日子已经结束了。前几年大概在2005年和2006年，会议聚餐和宴会上还很少看到法国之外的葡萄酒。但是最近，加州的，澳大利亚的，甚至智利的葡萄酒开始在餐桌上出现。

侍者再为我斟上一杯，我问吴，他认为这种转变出现的原因是什么。难道喝昂贵的法国红酒不是社会地位的象征吗，就像拎一只香奈儿手袋那样？法国葡萄酒产区比如波尔多，有许多酿酒厂被中国公司和企业家收购，变成了中国市场的出口机器。

吴说他发现晚宴上他的中国客人，现在想要认识更多具体的葡萄酒种类，而且变成了“欣赏传承”的鉴赏家。他们想要了解更多关于葡萄酒制作的知识，还希望能够巧妙地说出不同产区、厂牌和年份间葡萄酒口味的区别。许多到他家参加晚宴的客人，最终都去拜访了他在南非的酒庄。后来我去拜访吴在上海的家，客人们谈论的话题，是想要更多了解他酒庄的历史传承以及葡萄酒的制造方法。

吴把他的兴趣爱好变成了一项新的商业投资。他开始大规模投入拓展经营，招募合适的人才。他买下芬沃登酒庄的时候，年产能10万瓶，但是吴扩大了酒庄的产能，目标要达到年产8000万到1亿瓶，其中绝大多数要卖到中国市场。他的梅洛红酒是2006年诺贝尔颁奖礼上唯一使用的南非葡萄酒。

我最近一次和吴一起吃晚饭的时候，他的几位客人说要在中国投资，要求成为他的代理商。他看着我说：“看到了吧，南非葡萄酒在中国有很大的机会。”吴的机会表明众多公司需要对中国饮食行业的看法做出重大转变。1990年代中期，我第一次来到中国的时候，大部分人还在为养家糊口而努力挣扎。那些经济适用的品牌获得了增长。21世纪的第一个十年，中国人开始期待更高级的品牌，比如法国红酒或歌帝梵巧克力，就像他们对奢侈品行业的态度一样。但是当我看到吴的案例时，中国人已经开始转向尝试新鲜事物。葡萄酒和主流饮料不太一样，而南非葡萄酒则更加独特。

在中国，个人消费的葡萄酒销量骤增。2013年，中国成为最大的红酒消费国，购买了18.6亿瓶红酒。有一些红酒品类的销量，因为习主席的反腐行动严禁公款大吃大喝而下滑，但是供个人消费的葡萄酒随着消费者寻求尝试新鲜事物的趋势而销量大增。

随着消费者眼光越来越高，希望比低端产品“更上一层楼”，消费的趋势正在改变，使一些国产葡萄酒制造商面临困境，比如张裕先锋国际酒庄联盟,王朝酒业和中国长城葡萄酒。仅 2013 年一年,国产葡萄酒销量就下跌了 4.9%。澳大利亚葡萄酒在中国的销售记录按量计算下滑了 12%,但是按销售额计算实际上增长了 2%,因为消费者开始购买价格更高的澳大利亚葡萄酒。

为了对葡萄酒行业的转变有更宏观的视角,我与华金生见面,他是圣皮尔精品酒业的 CEO,这家酒业公司也是中国最大的一家葡萄酒经销商。华金生是中国美国商会的前任主席,他最早于 1982 年来到中国学习中文。

他肩膀宽阔,轮廓分明的脸型与之相得益彰。他概括这个快速转变的市场:"法国葡萄酒仍然是中国最受欢迎的进口葡萄酒。2008 年到 2012 年之间,法国葡萄酒的消费量增长了 4.6 倍,以 9 升一箱计量,达到了 1546 万箱,但是对于法国品牌之外的葡萄酒来说,还有许多机会。"

还有哪些产区的葡萄酒变得广受欢迎,我问。"消费者尝试体验的种类越来越多,包括葡萄种类和产区类别。比如说,2008 年到 2012 年间,澳大利亚葡萄酒的消费量增长了 147.5%,而西班牙葡萄酒消费量增长了 6.2 倍。"

华金生的观点反映了 CMR 的调研结果。我们发现法国葡萄酒仍然占市场主导地位,但是更多的消费者,尤其是中国的富裕人群和 35 岁以下的年轻消费者,更愿意尝试不同产区和价位的葡萄酒。

阻碍消费者尝试其他国家的葡萄酒的障碍,往往被归结为缺乏市场教育。2012 年 CMR 为一个红酒品牌做调研时,一位生意人告诉我:"我不懂葡萄酒——我总是买店里最贵的法国葡萄酒请客户喝。这种办法更安全。"换句话说,消费者购买法国葡萄酒往往因为他们不知道如何全面地品鉴葡萄酒,并且害怕买错了而在朋友和商业伙伴面前显得没文化,这跟消费者以前照着塑料模特买一身衣服的情况差不多。

圣皮尔精品酒业推出了葡萄酒与烈酒教育信托基金会(简称WSET)的葡萄酒教育课程,提供信息丰富的短期培训项目。这个项目也帮助消费者能更自在地获得葡萄酒知识,有足够的信心去尝试名气最大价格最高的品牌之外的葡萄酒。华金生说:“有一种趋势,从因为品牌出名而购买一款酒,转变到更多出于了解和欣赏某个原产地,且这款酒最能传达原产地的特征而购买。”

华金生的观点和贝伦·桑切斯的说法很相似。桑切斯是葡萄酒服务提供商萨尔芒的联合创始人,她和丈夫伯特兰·弗雷·波琉一起在上海 Kee Club 吃晚餐的时候告诉我:“中国消费者现在最关键的特征之一,就是他们喜欢尝试新的葡萄酒。”桑切斯举了一个例子,说她的许多客户开始对同一种葡萄(比如说黑皮诺)做出来的葡萄酒,在不同国家出产的口味不同产生兴趣。

葡萄酒行业和食品行业一样,消费者趋向于尝试新的体验,学习新的知识,偏向于原汁原味。消费者期待更为细分的品牌,以前占主导地位的品牌将会面临压力。

自从 2008 年三聚氰胺乳品丑闻爆发之后,中国国内的食品公司开始带头销售顶级食品。他们了解到消费者会在更高的价格与更安全的品质之间划等号,于是在高端市场比外国竞争品牌更快地推出新品牌和新产品。

中国的蒙牛乳业公司和光明食品开始出售包装内含有小袋蜂蜜的酸奶,价格比西方品牌,比如达能高出 30% 到 50%。这些国产品牌为这些产品冠以东欧风格的品牌名,或是从澳大利亚和新西兰这样的国家进口产品,并将这些产品定位得更高端。例如 2009 年光明推出的莫斯利安酸奶,这个品牌在包装和广告宣传上利用了保加利亚的形象和民间传说。2014 年,光明以接近 10 亿美元的价格从私募公司 Apax Partners 手中购买了以色列乳业行家 Tnuva 56% 的股权,将其更先进的技术引入光明的供应链中,特别是将光明的奶酪产品推向市场。

西方的食品巨头,比如亿滋国际(就是更名以前的卡夫)和雀巢在意识到消费习惯的转变这一块已经慢了一步。他们还在提供比消费者想要的价格更低、包装没那么结实的产品——结果是在食品领域,消费者对一些国有企业的信任超过了跨国公司。亿滋在中国的业绩不佳,使得其 2014 年 2 月的季报低于预期。亿滋的董事长和 CEO 艾琳 · 罗森菲尔德在一份声明中表示,季报结果"低于我们和我们股东的预期"。同样,2014 年我们对哺乳期母亲做的一项调研表示,婴幼儿配方奶粉生产商合生元获得的"信赖"分比雀巢更高。

在高端市场,大型跨国企业正在受到进军高端领域的中国品牌和新晋外国品牌的挤压,而在较低端的市场,则受到韩国食品品牌的挤压,比如乐天和好丽友。这些食品巨头陷入了左右不逢源的境地——他们不再是备受信赖的最贵的品牌,也不再是最便宜的选择了。

对污染的担忧也对食品消费习惯造成了巨大影响。因为对污染的影响感到担忧,人们尽量吃得更健康,希望能以此抵消污染造成的损伤。

麦卢卡蜂蜜、蓝莓、猕猴桃这类全天然超级食品的销量骤增突破极限,这也解释了新西兰元为什么在过去几年中一直坚挺。因为害怕生病,人们尽可能多吃抗氧化的和营养丰富的食品。为了提高免疫力，许多人更喜欢通过天然食物摄取，而不是吃降血脂的立普妥这样的药物。

畅销的超级食物往往也是价格更高昂的产品（麦卢卡蜂蜜一小罐要卖到250美元），因此消费者们担心买到假的或添加了人工甜味剂的国产蜂蜜，他们更喜欢从有信誉的销售渠道购买进口货。有机食品也卖得很好——因为缺乏对农民的信任或是因为土壤污染，消费者往往不相信这些产品真的有机，但他们觉得如果有机食品的生产者对供应链的管理更好一些，有机的几率会比较高。

为了了解更多农业贸易领域的机会，我和埃里克·崔切伯格讨论了这个话题，他可以说是一位前美国农业大使，在美国农业部海外局工作了15年，现在负责管理经营咨询公司McLarty Associates的农业部门。约翰·尼葛洛庞帝介绍我认识了崔切伯格，他是乔治·W·布什任总统期间的美国国家情报总监，也是前美国驻伊拉克大使，现在是McLarty的副董事长。

崔切伯格具有外交官的亲和力——面带微笑平易近人——穿着职业，但并不是那种刻意显示身份的浮夸套装。我问他认为哪些国家和产业会从食品行业的转变中获益良多。他说："对新奇奢侈的食品与日俱增的兴趣，在零售渠道提高了进口量，也加速了食品加工行业的增长。"

这些趋势尤其令进口乳制品获益，但也"总的来说对进口食品形成了一个积极的光晕效应"，他接着说。崔切伯格发现，未来巨大的商机在于"木本坚果和水果干（西梅，葡萄干），新鲜水果（车厘子，苹果），海鲜，禽肉"。这些都是超级食物，消费者蜂拥而至赶去购买，以便在面临如此严重的污染和巨大的生活压力时能过得更健康一点。

崔切伯格在葡萄酒行业看到的趋势与圣皮尔的华金生和萨尔蒙的桑切斯发现的类似——人们愿意为新奇和不一样的体验买单。那些能提供中国不能自给自足的产品的国家,以及消费者愿意为该国商品的安全性付更多钱的国家,将会有不错的商机。

从澳大利亚和新西兰进口肉类和乳制品存在大量的商机。"巴西在禽肉产业方面是个很强大的竞争对手,"崔切伯格对我指出,还有其他一些来自欧盟、泰国、加拿大、智利和南非的产品也有机会。

但是对于西方食品供应商来说也存在着风险。政治局势紧张会造成消费者和进口商寻求其他产区的产品,就像政府间争端后挪威三文鱼和菲律宾水果的情况那样。在中国国内,反对转基因食品的趋势越来越强,而许多西方国家的食品制造过程中却采用了转基因原料。

一位中国的高级官员告诉我:"美国卖给中国转基因食品是另一种殖民主义。我们不能太依赖转基因,中国人吃这种食物不健康。"这位官员的担忧出于两种理由:1. 美国公司把不健康的食品种类出售给中国,他们在美国不卖这种让人变得肥胖多病的食物。2. 中国的食品供给将过度依赖美国,这种安全风险会让美国在政治和军事局势紧张的时候,威胁中国减少食物供给。

因为担心食品储备过度依赖美国,这种担心也推动了最高领导层的决策。"北京看起来逐渐脱离了粮食自给自足的政策,但是在农业产品方面,有许多领域还有很多投资类别并没有开放,"崔切伯格说,他引用中国最近的投资目录,指出对油籽压榨行业的限制越来越紧,而且一直禁止外资投资农业生物技术。禁令和法规正在损害贸易。崔切伯格说:"中国需要接受食品安全不等于自给自足。"

问题在于中国和其他国家间的摩擦，会不会让政府对更大程度上依赖他国提供食品供给不放心。

习主席的反腐行动强调勤俭节约，这也在食品服务行业掀起风波。工作餐人均消费上限公布，以及禁止公务员在五星级酒店差旅用餐和住宿的禁令宣布之后，以公务宴请为目标客户的餐厅发现生意锐减。面临销售增速放缓的压力，国内 56 家五星级酒店于 2014 年 1 月要求降低星级，这样政府官员就能再去他们那里用餐和住宿。

一些中国的高端餐饮连锁，比如俏江南和全聚德，开始注重为公司办公提供用餐服务。国有企业高管不再到餐厅消费，因为愤怒的公民可以轻易地拍到他们的车，并把照片上传到社交媒体网站。国有企业开始在公司内部建造自助餐厅，并投资建造高管层的专用包厢。

中国白酒制造商茅台和五粮液，以及例如人头马这样的洋酒品牌受到了打击腐败、公款消费 KTV 和卖淫等行动的冲击。在 CMR 访问过的官员中，许多人说他们其实觉得如释重负，因为在各种场合下不用喝那么多酒了。官员们往往需要跟级别更高的人干完一杯又一杯，直到喝倒在桌子下面才算到位，这引起了一种美国大学联谊会那样的酗酒之风，甚至造成了不少饮酒致死的后果。

连锁餐厅不得不重新设计席位，减少官员们喜欢的包房包厢和大圆桌，安排更多的大厅桌位，将大部分席位设置为四到六人的桌位。CMR 对全国各地餐厅经理的采访调研结果证实，调整过桌席安排的餐厅比那些还没有调整的餐厅业绩更好。

虽然依赖官员和国企公款吃喝的生意日渐式微，但外出就餐仍然占有普通消费者支出的重要部分。广受欢迎的休闲餐厅连锁，比如大董、翡翠酒家和海底捞火锅仍然生意火爆，即使人均消费往往超过 50 美元，等位时间仍然超过一个多小时。例如香格里拉和华尔道夫等酒店里，为商旅人士和游客提供餐饮服务的餐厅继续增长强劲。

餐饮消费将长期成为增长最快的行业之一——收入增长，对供应链安全的担忧，寻求原汁原味的体验，这些因素结合起来将为众企业创造机会引入新的概念，并增强现有的概念。

梁耀祖，甫田网创始人

2013 年我第一次见到职业工程师梁耀祖，我和他以及许智伟、陈维立一起吃晚饭。陈和许是上海一家私募股权公司锴明投资的联合管理合伙人，他们投资了甫田网（FieldsChina）。曾祥奕管理的高瞻有限公司也是甫田网的一位早期投资者。

梁来自堪萨斯，他是高端生鲜电商甫田网的创始人，加入了高价食品行业的竞争。我采访了梁，问题有关中国的食品安全对公司有哪些影响，对新兴的销售渠道，比如威胁到实体店主导地位的电商渠道又有哪些影响。

雷小山：2009 年创办甫田网的时候，是什么让你有了利用电商的想法？

梁耀祖：那个时候食品安全是全中国以及全世界关心的问题，现在也一样。

有一个很大的问题，那就是城市地区的人们获得高质量新鲜有机产品的渠道非常有限。消费者对店铺缺乏信任，缺乏忠实度，这就给甫田网创造了机遇。中国食品行业的许多公司

(有本地的也有跨国公司)需要改进业务,因为他们的眼光往往过于短浅,他们在商业道德行为方面也有很大的改进空间。

对于我来说,进入零售和生鲜行业,电商是最快也是最直观的渠道。有许多舆论一致认为,那时候生鲜网店送货上门很大程度上非常困难,从经济角度看也不可能实现,会成为物流和消费者服务的噩梦。但听起来这像是个机会,因为没有人知道如何解决物流问题,别人都不做而我能逆流而上,这一点很重要。其次,在中国,消费者服务和电商零售才刚刚起步,在中国的服务还有很大的进步空间。障碍这么多,困难这么大,悲观主义这么强烈,我想,哇,这是个很有意思的机会和难题。

雷小山:中国电商面临哪些挑战?

梁耀祖:中国和美国不一样。在中国,停车难,交通堵塞,车辆密度大这些问题比美国要大得多。感觉好像每个中国城市都比纽约的密度更大,堵车更严重。上海人口超过2000万,比整个纽约大区的人口还多。这就给生鲜电商带来很大的可行性。而现在零售和消费者服务基本上都很薄弱,这给甫田网带来了有利时机。

我相信人若要健康快乐,日常饮食主要是本地时令的新鲜产品,这一点很重要,不能吃太多的精制食品、进口食品和罐头食品。这也是甫田网和许多电商不一样的地方。我们从第一天开始就专注于提供新鲜产品。

从另外一个角度来说,我不相信中国没有好农民,没有制造饮食产品的好工匠。中国有关食品的新闻似乎过分负面。许多是罪有应得,但是找到能种出好东西的好农民,找到能生产卓越产品的好工匠,并把他们的故事与消费者分享,这一点很重要。

中国的饮食历史如此悠久丰富。恢复中国辉煌的饮食历史,就是要找到并重新发掘品味和味道,找到那些努力工作的人。

我们需要改变对农业的看法。我听说农民的平均年龄超过50岁。我们需要改变对种田的看法,对食品的看法。我希望农民是21世纪的摇滚巨星。

雷小山:普度公司正开始全面地把控鸡肉的全部供应链流程。沃尔玛也卷入了供应链管理问题,他们的有些品牌出售假驴肉和冒贴有机标签的普通猪肉。你如何让消费者建立起信任?你如何确保供应链的质量管控并增强消费者的信任?

梁耀祖:消费者的信任是通过透明度、沟通和不断的内部改进而建立起来的。我深信只有那些我们能自豪地提供给自己家人的产品才应该卖给消费者。这样与消费者产生共鸣,建立起信任。并且我深信新鲜水果和蔬菜的重要性。想要健康并从容地变老,我们需要多吃蔬菜,尤其是那些本地种植的蔬菜。随着吃的新鲜食品越来越多,我们会越来越尊敬我们的土地和农民。我认为中国已经失去了这种对大自然母亲的尊敬。

信任就是真实并不断努力做正确的事情。我们想要把甫田网变成一家每天都做正确事情的公司。以关爱员工,售卖优质、新鲜、美味的食品为起点。我们在运营、质量管控和一切让消费者拥有特别体验的事情上面花了大量的时间。作为一家企业,每天都专注做好最基础的事情,这一点很重要。几乎所有的事情,从每个流程直到物流都是我们自己做,不外包。这让我们能够改进质量,让员工真正得到锻炼,关爱消费者,关爱自己。我们希望甫田网的员工真正地了解消费者的重要性。我们需要像关爱自己所爱的人那样关爱消费者和员工。我们的服务是否真诚,人们都能体察到。我希望每一次每一天的消费者服务都是真诚的。

雷小山:公司增长最快的消费者群体是哪个?是中国客户还是外国客户?

梁耀祖:中国客户群是我们增长最快的市场。我们在中国,中国消费者越来越见多识广,他们自然需要更好的产品,更实惠的价格,更优质的服务。我们想要改变中国社会。普通大众都应该吃上清洁健康的食品,而不只是特权人士。我觉得埃隆·马斯克和他的特斯拉公司很有意思,很受启发,我可以从这家公司学到许多东西。他们生产卓越的高质量的汽车,但他们没有开出高价。他们创新,不断改进,值得信赖,他们不断努力让消费者服务独一无二。他们的车并不便宜,但是他们不断努力通过节约成本让利给消费者,而车的养护成本也很低。我们也应该这么做,创造价值,创造卓越的产品。看到有公司以帮助消费者为首要目标,我感到很振奋。应该有更多的企业这么做。

雷小山:许多人说中国人对价格敏感,不愿意多花钱。你同意吗?你们的哪些产品受中国客人的欢迎,为什么?中国消费者是否认为进口产品,国产的外国品牌和纯国产品牌有所不同?在这些方面有哪些趋势?

梁耀祖:中国人和所有人一样,想要以公平合理的价格获得价值。产品的价值必须符合他们花在产品上的钱。我们有许多产品卖得很好,而卖得好就必须有价值。我们的本地草莓和本地蓝莓卖得都很好。我们的肉类、蔬菜和海鲜产品类都卖得不错。目前,精制食品和粮油杂货好像进口的卖得更好。但是我认为未来五年会发生一些变化。已经有一群技艺精湛的本地生产者开始创制高端美食产品。我们的工作是推广那些创造了非凡产品且售价合理的个人、公司和农户。我们也找到了越来越多的这类创业者。这令人激动,因为他们正在把简单即最好的理念变成现实,并且基于热情和理想主义而创造价值。作为一位创业者,我想要创造一种健康的环境,在这个环境中人们能创造出让社会变得更好的东西。

提供原汁原味的餐饮体验

2010 年芝加哥高级牛排馆连锁莫顿牛排坊,在上海的国金中心开了它在中国的第一家餐厅,那时候菜单和店面设计都没有本土化。这家餐厅坚持传统的菜单,同美国的菜单一样几乎都是牛肉——尽管价格翻倍,高达 100 美元——餐厅设计以深色桃木和皮革为主。广告营销活动大多定位于外籍客户和来中国出差的外国商旅人士。

餐厅开业之后,很少有常客来这家营业面积算是全球最大的莫顿餐厅。我常常去那里吃饭,但往往整个餐厅只有我一位客人。高昂的价格使商旅人士敬而远之,而本地客人好像也不大愿意吃下一大块厚切牛排。六个月之后,形势转变,一桌难求。总经理告诉我这家店成为全世界所有莫顿牛排坊中营收最多的一家,也是平均消费最高的一家。

开业六个月后,莫顿在菜单上增添了较清淡的海鲜菜式,例如三文鱼和扇贝,以吸引顾客,尤其是女性顾客至少愿意光临一次。他们也在午餐时段卖小份牛排。受到吸引的食客——甚至是女性——一旦光临,就会看到还有更大分量的牛排,他们开始点大块牛排,并爱上了它们。莫顿成功了,并没有做亚洲菜色,而是推出西餐菜式,既保持品牌核心的DNA，又在品味和分量方面，让当地口味可以接受。

关键行动项目：中国人正在需求原汁原味的就餐体验。品牌们不应该受全盘本土化的驱使，完全照顾中国人的口味，比如所有菜式都要红烧，但是餐厅的菜单，应该是本地的口味和饮食习惯都能接受的样子。比如说，品牌们应该为女性顾客提供小份的选择，并提供可以分享的拼盘。因为许多食客不熟悉某些特定菜系，点一个大份的拼盘可以让大家每样都尝一点，看看他们喜欢什么。聚餐的时候，只要有一个人不同意去吃就会一票否决，所以品牌们需要确保他们的菜式能吸引不同口味的顾客。本土化意味着创造关联性，而不是完全改造整个体验。

对外国品牌的看法

CMR的调研显示，消费者倾向于相信来自发达市场比如美国和瑞士的外国品牌，会有更好的质量管控和供应链。他们相信来自这些国家的品牌应该比国内的竞争品牌更贵。

那些来自发达国家的外国品牌采用价格竞争的策略失败了，因为如果价格太便宜，消费者不会觉得它们是好东西。在CMR的调研中，受访者对原产国和定价有不同的看法，他们认为北美、西欧、日本、澳大利亚和新西兰的产品最顶尖最发达，而中欧、东欧的产品则没那么安全，发达程度较低。与这些看法相左的定价策略往往以失败告终。

比如说，大型超市连锁沃尔玛曾经在中国推行天天平价的品牌定位，但是没有用——消费者期待一家美国的大型企业定位于高端市场。总是有更便宜的选择，比如菜场，那里的卖家不会严格执行更高的卫生标准。沃尔玛的市场份额自2010年开始从7.5%降到了5.5%,因为高端生鲜连锁和电商从高价和低价两端夺走了份额。不仅如此,因为沃尔玛在中国缺乏像在美国那样的规模(中国有402家店面,包括山姆会员店;美国有4233家店面),因此没有办法迫使供货商提供更低的价格——换句话说沃尔玛往往无法平价,在营销策略和现实之间制造了冲突。

在某些品类方面,比如蛋黄酱和番茄酱这样的调味品,中国消费者往往更喜欢外国品牌,愿意比买国产货多花一点钱买外国品牌,但同时对价格也很敏感,因为中国人不认为调味品是日常消费的核心部分。因此他们会选择东欧的调味品品牌,希望这些品牌比国产品牌质量管控更严,也更原汁原味,也愿意接受低一点的价格。

关键行动项目:品牌们需要基于消费者对外国品牌的看法来设置价格定位和品牌定位。一个瑞士食品品牌永远都不能在价格方面和中国品牌竞争,但还是可以预期建立起消费者对品牌的忠诚度。

为了提供更经济的价格定位,西方食品集团或许需要通过收购中国的食品公司来推出中国品牌的产品,或者推出来自其他国家的品牌,比如韩国、波兰和泰国,这些品牌原产国受消费者信赖,并且消费者可以接受它们较低的价位。

第十章

寻找下一个中国

“我在红色高棉的时候杀了许多越南人,我还想杀!”这位老人对我大喊,模仿着他用尖锐的竹矛刺人的动作。他靠近我的时候能闻到他的口臭。他的牙齿又烂又黑。

年龄并没有磨灭他对血战的渴望:“洪森领导的柬埔寨政府把我们的未来卖给了越南人。我不能接受这一点。我会打仗,而且我希望很快就打。”

那是柬埔寨极其炎热的一天,大约 35 年前,越南人侵柬埔寨,随后占领了这个国家十多年。当我采访像这位老人一样的柬埔寨人时,能感到他们对柬埔寨政府、越南和外国公司的愤怒暗流奔涌。看起来愤懑与痛苦无处不在。

我在柬埔寨四处寻找投资机会,看有没有能吸引中国人来旅游和投资轻工业的可能。这位老人如此愤怒,有人告诉我他们愿意为自己的目标而死或杀人时,我大吃一惊。只有这位老人毫无顾忌地对我承认,他在柬埔寨 1975 年到 1979 年间波尔布特领导下的种族屠杀时期杀了几十个人,那时候柬埔寨全国 800 万人口当中有 170 万到 250 万人被处死、病死或饿死。看起来现在还想杀人的不只是这位老人。接下来我还要继续采访,这种情况将如何影响这个国家的发展? 我想着,不寒而栗。

CMR 的调研显示，中国人想去柬埔寨旅游看吴哥窟和其他庙宇，比如电影《古墓丽影》中安吉丽娜·朱莉著名的丛林戏取景的那座寺庙。这个国家结合了文化、艺术和异域风情的特质吸引着中国游客。值得称道的是，柬埔寨政府积极主动地尝试吸引更多中国游客以赚取旅游收入——甚至对中国大陆居民开放网上电子签证的业务。

这些举措行之有效。2013 年，有 46 万中国大陆游客到柬埔寨旅游，比一年前的数字 33.39 万上涨了 38%。吸引中国游客的机会比比皆是——酒店、购物和餐饮的基础建设目前仍然不足，所以在那里投资机会很好，尤其是柬埔寨的土地和人力还很便宜。

老人咳嗽了几声，用像爪子般的手揩去嘴里溢出的痰，然后说："我恨越南人，每个都恨。"我试图让他平静下来，问他怎么看待中国人。他的态度突变，回答让我很惊讶："我喜欢中国人。他们带来了钱，帮助这个国家。"我采访过的其他东南亚国家的人老是抱怨中国游客行为不文明，有些游客会把自己的名字刻在神庙上，有些会和空乘人员争吵，跟其他国家居民相比，柬埔寨人对中国人的态度特别积极。对于世界上绝大多数国家的居民来说，中国人已经成为新版的"丑陋的美国人"，这是二战后那些出国吵吵嚷嚷、趾高气扬又粗野低俗的美国游客获得的名号。

尽管旅游业的机会很好，暴力威胁和劳资纠纷仍是很大的问题，可能会颠覆柬埔寨经济增长的局面。

在过去传统的大国和附属国关系中，柬埔寨王国和越南之间的关系非常紧张。吴哥窟里的许多壁画展示了柬埔寨英雄抗击越南入侵者的场景。如今的寺庙里弹孔斑驳，提醒着人们这个国家在不远的过去的可怕历史。虽然有深仇大恨，但除非明显的暴力出现，旅游业不会受影响。旅游业的情况可能和制造业的情况不一样。

因为受到柬埔寨低薪资的吸引（2013 年最低工资标准为每月 80 美元，而中国深圳的最低月工资为 295 美元），许多服饰鞋履制造公司离开中国，争先恐后地把工厂搬去柬埔寨。一些服饰公司增加了从柬埔寨的采购量，H&M、Levi's 和 Gap 就是其中几家。

但是在 2014 年 1 月的劳工抗议行动中，有五位工人丧生，随之工人要求最低工资标准翻倍，增加到 160 美元，潜在的劳资纠纷动荡对经济增长造成威胁——没有廉价劳动力，制造企业就没有理由把工厂搬到柬埔寨。政治风险和劳资纠纷风险太高了。

中国有更好的基础设施，更稳定的政治体系，更高效的工人——说到劳工抗议，中国平息暴力事件的速度也很快。即便柬埔寨工人的薪资更低也不划算，因为他们的效率是中国工人的四分之一。柬埔寨甚至在主要城区之外常常不供电，更别提中国到处都在兴建的港口、机场和其他基础设施了。在柬埔寨我拜访过许多缺少供电的家庭，居民们不得不跑到田里去大小便。

我的许多客户对柬埔寨的劳工状况感到很焦虑，想要知道如何调整——是留在中国并提高效率，就像卡坦尼斯和季罗迪让他们在上海的塑料模特厂变得自动化那样，还是继续把工厂运营搬迁到亚洲各地的市场，比如柬埔寨。

在我调研的过程中，柬埔寨人对越南人和外国制造企业的愤怒让我很吃惊。我一次又一次地采访低收入的柬埔寨人，大多数人说他们痛恨越南，如果有必要的话他们愿意使用暴力，以便在工作的地方获得更好的权益。从柬埔寨采购在经济层面上说得通，但是风险比比皆是——对柬埔寨投资可能是明智的选择，但是必须有弹性，不要做大量的直接投入，还要做好备案以防暴力升级失去控制。

柬埔寨政府和日本政府不一样，他们和中国靠得更近。2012年，当中国担任东南亚国家联盟（ASEAN）主席国的时候，柬埔寨政府拒绝对中国南海日益紧张的局势发表言论。自1992年起，中国给柬埔寨提供了20亿美元的对外援助，大部分通过无息贷款的形式。根据柬埔寨投资局的数据，2011年中国对柬埔寨的对外直接投资（FDI）达11.47亿美元，几乎是美国对柬埔寨直接投资额度的十倍。

柬埔寨将会继续从与中国保持密切关系中获益，因为中国喜欢对支持它的国家提供福利。长期的资本投入很危险，因为柬埔寨可能会提高工资，或是与越南发生更多的武装冲突，或是会有更多的暴力抗议行动。

那些指导人们找到下一个中国或是经济奇迹的书很热门，比如鲁奇尔·夏尔马的书《一炮走红的国家：探寻下一个经济奇迹》。但现实是没有别的国家拥有中国这样的体量和稳定的政治体系——理解中国的崛起如何影响它的邻国，生意人又如何从中受益，这一点很重要。

我去过很多中国的邻国，研究那里的机遇和挑战。这些国家与中国的接触方式主要有三种：

第一种，像柬埔寨这样的国家，它们与中国的轨道靠得越来越近，这也是抵消美国势力的一种途径，并会从日益增长的中国贸易、旅游和投资中获益。

第二种，像新加坡和印度尼西亚这些国家，一面与中国精明地建立好关系，另一面也不会损害与美国的关系，与各方面搞好关系而从经济上获益。

第三种，例如菲律宾和越南等国家，警惕地关注中国崛起，以牺牲与中国的贸易往来和旅游收入为代价，与美国和日本结盟。

公司与投资者需要了解，中国的改变将如何影响其他国家和上升的政治风险，也需要了解中国政府如何看待潜在的威胁。显而易见的问题是需要了解日本，该国的极端民族主义正在影响首相安倍晋三，在政治话语中也具有相当大的影响力。柬埔寨和越南之间的冲突可能与其他国家关系不大，但是中国和日本之间的紧张局势很有可能会波及全球。

新千年之际某个温暖的春日，我当时正在哈佛大学念研究生，邀请了三位日本的同班同学到哈佛广场附近的热门餐厅戈兰德尔洞共进午餐。

我们的谈话一开始是关于中日经济贸易，然后很快转向了第二次世界大战的历史遗留问题。我提出一个想法，认为中国希望日本政府更好地承认历史，尤其是慰安妇问题，这时我的同学愤怒地打断了我："喂，又是慰安妇。她们乐意当慰安妇。那时候赚钱很难，我们付钱给她们。行了吧。"

这位同学是日本自卫队（日本军方）派到哈佛学习的，他的言论让我非常震惊。我曾经在书报上读到有人持这类想法，但我没料到在哈佛受教育的人也会这么想。我目瞪口呆，无法回应。

另外两个同学的反应有所不同。其中一位也为日本政府工作，是日本财务省的职员，他露出和蔼的笑，看起来有点儿不高兴，但是没吱声。他低下头，眼睛不看任何人。另外一位在私营企业工作的同学看起来很激动，但他冷静而坚定地说："我们不能否认历史。"

谈话差不多到此结束。

大多数我认识的美国商人低估了中日之间发生严重紧张局势的可能性。许多人认为中国人的愤怒更像是中国政府在恰当的时候拿来利用的宣传工具,其实并没有什么根深蒂固的仇恨。常驻中国的记者阳歌认为,中国领导层利用反日情绪来转移民众对国内问题的注意力。

但是如果低估那些并非由政府直接煽动而是中国民众潜意识中对日本的愤怒,将是一个错误。如果非要说政府扮演了什么角色,那也是控制民众的怒火并引导发泄,而不是主要的煽动者。

随着日本首相安倍推动修改日本宪法以获取在亚洲更大的军事影响力,粉饰日本帝国的历史,并压制舆论自由,以博取极端军国主义者的支持,中国和韩国对日本甚嚣尘上的好斗情绪越来越担忧。第二次世界大战时期,日本皇军计划周密地奴役了 20 万到 40 万女性,使之成为性奴隶,与此同时有 3500 万中国人丧生,这段历史不断被重新提起,绝不会被轻易忘却。

安倍的外祖父岸信介在第二次世界大战之后,被列为甲级战犯而拘押于东京巢鸭监狱,因为自 1941 年至日本投降期间,他是日本的军需省长官,此前他作为日本在中国的傀儡政权伪满洲国的高级官员,也被指控剥削奴役中国的劳动力。许多中国人认为,安倍就像是希特勒的外孙当上了德国总统,然后粉饰纳粹时期的历史。

钓鱼岛列岛是由五个小岛和三块礁石组成的岛群,日本和中国都宣称,这个经济上没什么价值的岛群是本国领土的一部分。如果钓鱼岛起了纷争,两国的大众舆论都会群情激昂,很可能会成为两国政府都无法控制的局面。两国政府都不想在对抗中被视为软弱的一方,会令对抗升级失去控制,因为美国已经重申一旦发生战争保护日本是美国的义务。

投资者需要了解中日冲突的根本原因和由此而来的冲击，以及对在华品牌的影响。无论什么时候发生冲突，投资者都需要担心像丰田这样的品牌，因为第一，是日本的产品，第二，在公共场合使用，而不会担心那些在动荡时期可以放在抽屉里或藏在家里的品牌产品。也就是说汽车行业和电子消费品品牌的风险特别大，而化妆品、眼镜和衣服品牌的风险相对较小。

2012年12月，西安市51岁的李建利从车里出来，试图阻止那些抗议者也就是他的同胞们，不要用砖头砸他的车。当抗议者拦住李的时候，他正开车前往市中心为他马上要结婚的儿子看婚房。

当时拍下的录像显示，李恳求那一伙暴徒住手，他说他也反对日本，也想“保卫钓鱼岛”。突然，一个叫蔡洋的彪形大汉冲到屏幕前，用自行车U形锁猛击李的头部四次。李像一只布偶一样瘫倒在地，他的妻子哭号着。凶手在殴打李之后继续他的恐怖暴行，猛击李的丰田卡罗拉汽车。

李现在无法行走也不能说话，仅仅因为驾驶了一辆日本品牌的汽车就遭到殴打。警方随后因为蔡的暴行而将他逮捕。这段视频在例如优酷这样的视频网站上被观看了几百万次，中国人开始害怕，不愿花钱买标识明显的大件日本产品。他们不想成为下一个李建利。CMR对消费者进行采访调研发现，中国人不再购买日本产品更多是出于害怕成为下一个李建利，而不是对日本的抗议。《中国日报》报道，超过十几个抗议者因为攻击损毁日本品牌汽车而被拘捕，显示出李建利事件并非孤例。

在政治局势越来越紧张的情况下，中国人不会购买日本汽车，也可能不买昂贵的名牌产品，比如佳能或者奥林巴斯的照相机，更多是出于恐惧，害怕被其他中国人攻击，而不是政治抗议。局势紧张时期，类似的事情也会发生在日式餐饮企业。到餐厅吃饭的人担心抗议日本的中国同胞会把热汤泼到他们身上，局势严峻的时候就会远离日式餐厅。全国各地在日式餐厅吃饭的顾客被中国同胞攻击的事件，在社交媒体网站上成为热门话题。

而那些可以藏起来或者在家里消费的东西，情况就不一样，比如索尼电视机或化妆品。政治局势紧张不会打击化妆品公司，比如资生堂。女性购买化妆品，放在家里，渴望看起来漂亮更年轻。当你外出的时候，没有人知道你用什么牌子的化妆品。女性对化妆品品牌有极强的忠实度，对美的关心超出了对政治局势紧张的担忧。基本上，很难让一名女性放弃奢侈化妆品品牌转而去用更便宜的品牌。一旦女性买了奢侈品牌，她们会倾向于一直用；她们也愿意尝试新的奢侈品牌，因此雅诗兰黛总是保持很强的市场地位和较高的增长，因为它旗下拥有那么多奢侈的化妆品品牌，而欧莱雅在中国市场的奢侈品牌相对较少，或许它需要考虑增加旗下的奢侈品牌。

同理，优衣库也没有因为它是个日本品牌而受到很大的冲击。抗议日本那段时间，我站在优衣库附近观察客流量是否有所下降。结果并没有。有一天我看到一家人到优衣库，夫妻俩带着一个大约六岁的孩子还有孩子的祖母。孩子的妈妈走到他们前面说："我要去优衣库。"

她丈夫拉住她的胳膊问："优衣库是日本牌子么？"

孩子的妈妈迟疑了一秒，那个孩子吊她的腿晃荡着玩儿，然后她说："我不知道是不是日本牌子。"

丈夫说："我觉得是，但我不确定。"

妻子接着说："管他呢？衣服便宜质量又好。我们得给毛毛（孩子）买点东西。"

丈夫耸耸肩说："好吧。"然后他们都走进了优衣库。我一直观察他们，最后他们的购物袋里装满了东西。

对日本的紧张气氛是真实的，但商人们不应该高估目前政府在煽动反日情绪中的作用——基本上这是现阶段民族心理的一部分。投资者需要随时密切关注紧张的政治局势。从对日紧张当中获益的国家有韩国和德国。紧张局面加剧的时候，现代汽车和起亚汽车从中获益，因为更多价格敏感的购车者会去买韩国车。购车者认为韩国车好看，好开，保养比较便宜，而且政治上比较安全。同理，一些买家会淘汰丰田或者尼桑，换更好的车，比如买辆宝马、奥迪或者奔驰。

印度尼西亚——从地理位置上看它离中国和美国的距离都足以将南海问题的军事风险最小化，拥有中国想要的丰富的自然资源，例如煤炭、棕榈油和橡胶——该国与中美都建立了紧密的关系，没有疏远任何一方，在这方面印度尼西亚做得卓有成效。

2013 年的一个秋日，我和印度尼西亚前总统哈比比在上海著名的外滩三号让·乔治法国餐厅共进晚餐，这是我去过的最高级的餐厅之一。

见到哈比比让我很激动——我采访过的印度尼西亚人对哈比比的满意度是在苏哈托之后的诸位总统当中最高的。一位卖给我燕窝的 26 岁印度尼西亚男性这样对我说："哈比比努力帮助印度尼西亚，他很聪明，在德国留学但是回到祖国帮助国家，并且努力反腐败。"

侍者端上一盘精致的鹅肝开胃菜，坐在我正对面的哈比比眼里闪着和善的光芒，他说："小山有一张娃娃脸，和我一样。"77 岁的他个头不高，看起来比实际上年轻得多——他那温暖，职业，几乎像祖父一样的面容，就算是60岁也完全说得过去。

我又咬了一口鹅肝。美味极了。我觉得好像回到了巴黎米其林星级餐厅。我问哈比比如何看待中印关系这几年来的演变。

“印度尼西亚与中国的关系处在历史最好时期，”哈比比立即回应。他接着告诉我有那么多文化与经济的联系让中印关系更紧密。他指出在印尼的华侨人口众多，大约占到印尼总人口的4.7%。

哈比比说的没错——印度尼西亚与中国之间的关系现在非常紧密，对两国都有益。如果印度尼西亚能确保宗教的开放，摆脱愈演愈烈的贸易保护主义，并缓解令人窒息的腐败状况，那么对于投资者来说，印度尼西亚就是最令人激动的备选投资地之一，因为该国的旅游业和制造业前景光明，正创造出新兴的中产阶级。

中国人尤其喜欢到印度尼西亚的巴厘岛旅游。巴厘岛有海滩、火山和艺术重镇乌布，和柬埔寨的寺庙一样，登上了中国游客的必游景点名单。去印尼的签证很容易办理（大陆游客可以在巴厘岛机场办理落地签），具有异域风情的当地艺术和文化吸引了大批想要尝试新东西的中国人。

2011年，47万中国人拜访过印度尼西亚。到2013年数字骤增到90万。中国人是到巴厘岛旅游的第二大游客群体，仅次于澳大利亚人。

努沙杜亚是巴厘岛著名的五星级海滩酒店区，这里正在大兴土木，为了满足潮水般涌来的中国游客的新增需求。香格里拉和万豪这两家酒店连锁企业都有新酒店开业，其他一些酒店也在扩增房间数量或造起全新的客房大楼。事实上，新增的房间容纳量太大，房间价格在下跌，但是总体的营收在增加，因为入住率很高。努沙杜亚的威斯汀酒店是一家深受中国客人喜爱的五星级酒店,这家酒店的一位经理告诉我:“我们去年把房间数量扩增了一倍,部分原因就是为了满足更多中国客人的需求。”

印度尼西亚是全球人口第四大国,有2.47亿,也是全球为数不多的几个有大量劳动力贮备,能占到制造业相当份额的国家之一。这里的工资水平只有中国的一半,而且印度尼西亚货币印尼盾2013年贬值了20%,对于投资方来说,该国的吸引力更大了。2013年对印度尼西亚的外国直接投资同比上涨22.4%,达到227.4亿美元。

家居、服装、鞋履公司比如优衣库和爱室丽家居纷纷把越来越多的采购和运营业务搬迁到印度尼西亚。印度尼西亚与海外华侨建立的集团也颇有联系,比如亿万富豪李文正管理的力宝集团。这些华侨在语言和文化方面与大陆相近,这让他们更容易跟中国大陆做生意。台湾亿万富豪郭台铭的企业富士康,是苹果公司许多产品的生产商。这家公司宣布要在印度尼西亚投资数十亿美元。

印度尼西亚与其他一些东南亚国家不一样,这个国家的市场很大,足以对中国的出口造成重大影响,也是例如小米这样的中国品牌的一个重要的出口市场。2013年腾讯公司的微信挤掉了Facebook,成为印度尼西亚最受欢迎的社交媒体。中国的国有企业,比如国家开发银行和中国铁建股份有限公司,都在竞标参与该国的融资项目或建设项目。印度尼西亚的体量大,财富多,并非是越南那种中国可能不大关注的小国,中国看重与印度尼西亚之间达成政治与军事方面的理解。

印度尼西亚日渐崛起的中产阶级也拉动了对外国品牌的需求,跟在中国畅销的情况差不多——星巴克、汉堡王,还有飒拉(ZARA)。随着印度尼西亚吸引越来越多的投资到该国建厂,该国新兴的中产阶级就像十几年前中国的中产阶级那样发展起来。

但是,风险也比比皆是,这可能让印度尼西亚崛起的步伐放缓——尤其是声势浩大的宗教极端主义可能会吓跑外国投资,有些政策,例如禁止镍和其他一些原料出口,造成2014年第一季度镍价飙升了40%,让自然资源投资者感到更加紧张。比如说2013年,抗议浪潮迫使世界小姐选美比赛从穆斯林占当地人口多数的爪哇岛,搬到了以印度教徒为主的更加宽容的巴厘岛。

如果政府能够稳定控制腐败并确保各种族各宗教保持和谐,印度尼西亚可能成为下一个热门市场,众多公司会期待到该国扩大投资规模。我与哈比比道别的时候,他握紧我的手,欢迎我今后去印度尼西亚拜访他,并继续协助推进印中关系更好地发展。

除了日本之外,看起来反对中国崛起意愿最强的国家就是越南和菲律宾。2014年,这两个国家的士兵在南沙群岛这个与中国有争端的区域联谊示威,认为中国在欺凌该区域的其他国家,以表示抗议。

许多美国人不知道,中国和越南这两个国家在1979年发生过一场短暂而血腥的边境战争,有上万人死亡。过去的十年中两国关系得到改善,但是2014年中国和越南的渔船在南海南沙群岛附近爆发冲突,两国关系急转直下。

海上争端造成了越南国内爆发大范围的暴力抗议活动,抗议者攻击任何看上去挂有汉字标牌的工厂。抗议者甚至攻击了韩国和新加坡的工厂,以为它们也是中资公司,造成了当地旅游业与投资的严重停滞。一共有200家工厂遭到攻击,报道称有十几人被杀害,几天之后越南政府终于介入把抗议活动压制下来。

越南老百姓对中国的愤懑并非刚刚开始,但CMR调研过的中国人直到这次抗议之前，对越南的看法还是正面或中立的。

2010 年和 2012 年我到越南发表一系列演讲，发现许多越南人仇恨中国人，这让我很惊讶，尤其是考虑到 2012 年有 140 万中国人到越南旅游，是该国最大的游客群体。但是游客给越南带来的旅游收入丝毫没有增加越南人对中国人的好感。

一位经常带中国游客团的导游告诉我："中国是敌人，不是美国。"我很吃惊，他对中国抱有更深的仇恨，超过了美国和法国，而这两个国家在过去一个世纪里对越南发动了旷日持久的战争。但是导游告诉我，几个世纪以来中国都是"敌人"，有许多街道都是以反抗中国主导地位的越南英雄的名字命名的。

虽然许多美国人以为越南和中国很亲近，因为两者都是共产主义国家，但现实并不一样，这也清晰地显示出美国人导致 1960 年代入侵越南的多米诺理论是不对的。这些抗议示威让中国公司在越南扩大经营之前得三思而后行。示威活动之后流言满天飞，说中国政府让国有企业不要投标越南的项目。

抗议示威之后游客数量锐减，大批旅行团纷纷取消预定。韩国是最大的受益者，越南抗议示威之后，游客数量年度同比增长了 50%。

一位 32 岁来自北京的中国女性告诉我："越南就像是 30 年前的中国；我没兴趣去旅游，而会去欧洲、印度尼西亚，或者韩国。"去过越南的中国游客反应平平。越南没有印度尼西亚、泰国和韩国那样的寺庙、沙滩和购物环境。

越南的制造业因为基础设施薄弱，增长也遇到了限制。制衣与制鞋公司搬迁到该国，因为那里的工资水平只有中国的四分之一到二分之一——但是越南缺乏港口，还有一系列的缺陷，这让许多公司重新考虑他们的搬迁策略。一家美国家具公司告诉我，他们搬到越南之后又重新搬回中国运营，因为问题太多，物流也太慢。

尽管通货膨胀率从前几年的20%到30%下降到5%这个可以接受的水平，而且对于轻工业来说，越南仍然是个良好的制造基地，但越南与中国渐行渐远，而与美国的关系仍然坎坷不平。除非越南能保持较低的通货膨胀环境，改进基础设施，确保中国游客和中国工厂的安全，否则越南的经济增长会比前几年更慢。

2013年第一季度，中国成为菲律宾的第三大贸易伙伴，仅次于日本和美国，尽管如此，菲律宾总统阿基诺三世仍决定对中国在南沙群岛的主张进行大张旗鼓的抗议。菲律宾对持有大量石油储备的南沙群岛宣称主权。

和越南一样，菲律宾人也决定对中国在南海越来越大的影响力采取激进的立场。和越南不一样的是，菲律宾与美国的关系非常紧密，因此会从与美国越走越近的关系中获益。2013年阿基诺签署的协议将允许美国以联合军事演习的名义在菲律宾轮换部署军队，这是自1992年美国撤出其驻菲律宾基地之后的头一回。

1990年代我曾在菲律宾生活过，当时在奎松市三一学院（现在更名为亚洲三一大学）教英语文学和经济发展科目。我的许多学生告诉我，他们认为菲律宾是美国的第51个州。的确，从星期五餐厅到美国音乐还有服装品牌，好像只要是美国的，在菲律宾的生意都不错。

阿基诺三世采取激进立场的直接后果，就是赴菲律宾旅游的中国游客数量锐减，年度游客量在2013年大跌70%，到20万人次，短时间内不太可能反弹上升。

但是，我并不像担心越南和日本那样担心菲律宾，不认为菲律宾会有很高的风险发生流血战争。中国和菲律宾双边历史上没有像与越南和日本那样互相猜疑——事实上，正是一位退休的菲律宾海军准将在我早年学习的时候，建议我投身于研究中国的领域。

尽管如此，这种紧张局面很可能还会持续——中国要大展身手，而菲律宾要从与美国更紧密的结盟中获益。但是发生冲突风险更高的地方是日本和越南。

中国的崛起对于它的邻国们来说并不是一个零和游戏——那些采取策略与中国拉近关系的国家，比如印度尼西亚和柬埔寨有机会从与日俱增的贸易和吸引更多游客等方面获益。其他一些国家，比如越南和斯里兰卡，有机会把中国的制造业吸引到自己国家来，如果他们能确保劳动力储备和政治体系保持稳定。

即便如此，许多东南亚国家在中国和美国大展身手的当口被夹在中间，不得不选边站队——要走一条比较聪明的道路，可能得像印度尼西亚和新加坡那样和两边都保持良好的关系。

后　记

我刚开始和他人分享这本书的想法时,有好几个人质疑我——他们不认为中国公司有创新能力。他们指出侵权行为猖獗,教育系统缺乏创造力,严格的管制抑制创新。有一个人嘲笑我说:“如果你写在中国有创新,就会失去信誉。”另一个人厉声斥责我“完完全全错了”,因为中国文化从根本上就有问题,阻碍了创新。

还有一些人的反应则更不客气。

但是,几个月后,当我快要写完这本书的手稿时,在中国似乎每天都有新的专注于创新的案例出现,比如百度投资人工智能,或是腾讯发布新的移动服务。我不断地延后截稿日期,因为有那么多新的局面出现,直到最后我不得不打定主意停笔,不然我永远都写不完。

世界开始注意到这些进展,中国的创新也开始成为一个热点话题,其热烈程度堪比美国评论日本在1970年代末期及1980年代崛起时的情形,而且并没有沦为文章的讥讽对象。

CNN的查尔斯·莱利写了一篇评论文章,批评副总统乔·拜登有关中国不存在创新的言论——莱利举例说明中国确实存在创新,包括手机制造商小米,以及生物科技公司华大基因,这家公司解码的基因组比世界上任何机构都多。他也引用了我的论据。阿里巴巴进军美国市场,开通网站11 Main,为中小型零售商提供商品,并买下热门手机浏览器 UCWeb 余下的 34% 股份。我受邀参加 BBC 世界新闻的电视节目，与主持人爱丽丝·巴克斯特一起讨论中国兴起的创新浪潮。

中国企业向价值链上游进军的速度有多快，什么时候能达到创新曲线的第三阶段，也就是为全世界创新的阶段，仍不确定，但是有一件事情很明确——他们确实已经在行动，并且不再山寨美国和欧洲商业模式的技术。像拜登这样低估中国企业的长足进步，从长远来看，对众多公司、投资者和国家来说后患无穷。

“两分钟后进直播，”控制室的一个声音传进我的耳机。

一会儿我将接受张秀清（Emily Chang）的采访，这位毕业于哈佛的彭博财经电视彭博西栏目（Bloomberg West）的新闻主播获得过五次艾美奖。与我两年前跟迪伦·雷迪根的节目有所不同，这次我并没有坐在主持人旁边，而是在彭博社位于上海国金中心的演播室里接受访问，张秀清则在旧金山的演播室里采访。

刚刚在我前往演播室的路上，路过了国金中心的苹果专卖店，这是苹果公司全球单店坪效最高的一家门店。在国金中心大楼里，还有全世界利润最高的莫顿牛排坊。我才意识到，它们就在浦东的核心位置，也就是十多年前的 2003 年，一位意大利投资者跟我说的鬼城浦东。我不知道那么多外国分析师还误判了中国的哪些方面。

张秀清之前常驻北京多年，是 CNN 的记者，所以我预料她的问题会很深入。她马上切入主题，对观众解释说阿里巴巴与美国的互联网公司截然不同，然后她发问：“像亚马逊和 eBay 这样的美国公司是否可以从阿里巴巴和其他中国公司那里学到什么？”

我想了想，该从哪里开始呢……

致　谢

写这本书是许多人多年来对我的帮助、支持与建议的成果。所有指导过我的人,所有推动我努力达到极限的人,感谢你们。

中国市场研究集团(CMR)的同事们,谢谢你们齐心协力为公司的文化做出贡献,正是这一文化让 CMR 成为了一个绝佳的工作地点——我热爱与如此聪明又充满热情的人们一起工作,追求卓越,为了我们自己和我们的客户。

尤其要感谢我的同事本·卡文德和詹姆士·罗伊,当我不在公司埋头写作时,他们担负起了更多管理客户项目的责任。詹姆士对这本书的反馈无与伦比,非常宝贵。

最后,我想感谢我的妻子,杰西卡,以及我的儿子,汤姆,谢谢你们激励我变得更好。

图书在版编目(CIP)数据

山寨中国的终结/(美)雷小山著;吴怡瑶译.
—上海:上海译文出版社,2016.2
书名原文:The End of Copycat China
ISBN 978-7-5327-7105-9

Ⅰ.①山… Ⅱ.①雷…②吴… Ⅲ.①企业发展—研究—
中国 Ⅳ.①F279.2

中国版本图书馆 CIP 数据核字(2015)第 286305 号

山寨中国的终结
〔美〕雷小山 著 吴怡瑶 译
责任编辑/张吉人 装帧设计/张志全工作室

上海世纪出版股份有限公司
译文出版社出版
网址:www.yiwen.com.cn
上海世纪出版股份有限公司发行中心发行
200001 上海福建中路 193 号 www.ewen.co
杭州恒力通印务有限公司印刷

开本 890×1240 1/32 印张 7.75 插页 5 字数 126,000
2016 年 2 月第 1 版 2016 年 2 月第 1 次印刷
印数:0,001-8,000 册

ISBN 978-7-5327-7105-9/F·213
定价:39.00 元

ISBN 978-7-5327-7105-9
9 787532 771059 >